지구 닦는 황 대리

지구 닦는 황 대리

플로깅으로 퇴근 후 인생이 바뀐 어느 월급쟁이의 친환경 라이프

황승용 지음

더숲

저와 함께 지구 닦지 않으실래요?

환경 운동가냐고요? 아니에요. 저는 9년 차 직장인입니다.

환경에 대한 관심이 높아지고 있지만 환경과 관련된 활동을 언급하면 아직도 많은 분이 자기가 할 일이라고 느끼지 못하십니다. '바쁘다' 또는 '경제적이지 않다'는 이유를 대며 환경 문제를 외면하지요. 환경에 전혀 관심이 없던 제가 2년 전 우연한 계기로 환경에 관심을 갖고 '행동'하게 된 이후 저는 다양한 방면에서 큰 변화를 겪고 있습니다. 그 변화는 부정적인 부분보다는 긍정적인 면이 훨씬 많았으며, 여러 측면에서 삶이 '새로 고침' 되었습니다.

이 책은 평범한 분들이 읽었으면 좋겠다는 생각으로 썼습니다. 저처럼 대리 또는 주임이거나 '님', '씨' 같은 소소한 호칭으로 불리며 환경에 관심을 갖기에는 눈앞의 삶이 너무 팍팍한 분들을 위한 책입니다. 저 역시 직장을 다니며 부수입을 얻으려고 퇴근 후 학생을 가르치는 'N잡러'이기에 누군가에게 자랑할 만큼의 환경 활동은 하지 못합니다. 그럼에도 이 활동을 포기할 수 없는 이유가 있습니다.

한 달에 최소 50만 원 이상의 경제적 이익, 3개월 만에 약 12kg 감량 그리고 직장 생활 속 매너리즘 극복과 힐링. 이것이 제가 환경 활동을 하면서 얻은 것들이며, 이를 지속하게 해 주는 이유입니다. 부끄럽게도 참 현실적이지만, 그래서 더 여러분에게 꼭 알리고 싶습니다.

이 책은 엄청난 이론서도 아니고 1년에 작은 유리병 하나 정도만 쓰레기로 배출하는 미국의 비 존슨Bea Johnson이나 학교에 안 가고 시위하는 그레타 툰베리Greta Thunberg처럼 대단한 활동을 요구하는 것도 아닙니다. 다만 직장인인 제가 실제로 환경 활동을 하면서 느낀 점이나 꿀팁 정도를 공유하려는 책입니다. 똑같이 월요병을 느끼는 사람이 권유하는 눈높이 환경 도서라고 하는 게 맞을 것 같습니다. 많은 분이 이 책을 보면서 "이 정도는 나도 하겠다"라는 비웃음으로 꼭 동참하시면 좋겠습니다. 크게 어렵지 않은 것들이니까요.

제가 이 책을 쓴 이유는 딱 하나입니다. 단순히 환경에 대해 걱정만 하는 것이 아니라 소소하더라도 환경을 위해 행동하도록 응원하려는 것입니다. 각자에게 맞는 실천 방법을 찾고 그것이 자연스럽게 습관으로 굳으면 분명 개인에게 경제적·신체적·정서적 이득이 먼저 찾아올 것입니다. 그렇게 동참하는 분이 많아지다 보면 깨끗한 자연과 먹거리, 좀 더 살 만한 세상은 보너스로 올 겁니다.

특히 자녀를 둔 분들에게 묻고 싶습니다. "돈을 많이 벌어서 최고급 마스크를 사 주는 분이 좋은 부모일까요, 아니면 모든 아이가 마스크 쓸 일이 없는 세상을 만들어 주는 분이 좋은 부모일까요?"

저는 후자가 많다고 믿으며, 오늘도 묵묵히 지구를 닦습니다.

차례

1부

시작은
혼자였지만
그 끝은
함께였다

철없는 공모전 사냥꾼

'대상: 상금 100만 원과 유럽환경회의 초청 방문권.'

환경 활동을 하면서 평범한 직장인이 어떻게 환경에 관심을 갖게 되었는지 질문을 받고 답할 때마다 양심의 가책을 많이 느꼈다. 인터뷰에서나 소셜 네트워크 서비스SNS에는 거북이 코에 플라스틱 빨대가 끼어 있는 영상을 보고 시작하게 되었다고 대답했는데, 부끄럽지만 이는 절반만 사실이다. 영상을 보고 큰 충격을 받아 행동에 옮기게 된 건 사실이지만, "왜 그 영상을 찾아보았나요?"라고 묻는다면 분명 대답을 망설이며 질문자 눈치를 살폈을 것이다(다행히 아무도 그 질문은 하지 않았다).

환경에 전혀 관심이 없는 직장인으로 매월 '25일' 월급날만 기다리며 사는데 막상 그날이 오면 '그분'은 왜 그렇게 빨리 스쳐 사라지는지……. 세게 쥐려고 하면 할수록 모래알처럼 손가락 사이로 빠져나가는 월급에 중독되어 살아가는 내게 '환경'이라는 말을 찾아보게 만들어 준 원동력은 바로 돈이었다. 인터뷰하면서 구구절절 설명하기 곤란해서 중간 과정을 생략하고 바로 거북이 영상부터 말했지만 나쁜 마음으로 그렇게 한 것은 아니니 분명히 나를 용서해 줄 거라고 믿는다. 배신감에 용서할 수 없다면, 비건 식당에서 식사를 대접하며 사죄할 테니 연락을 주면 좋겠다.

나는 대학에서 문예창작을 전공했다. 수능을 세 번이나 보면서 'F=ma'나 '물 분자 구조에서 산소와 수소 사이의 각도는?' 따위의 이공계 공부만 하다가 뜬금없이 이공계와 가장 거리가 멀어 보이는 학과를 다닌 것이다. 게다가 지금은 전공과 관련 없는 외국인 전용 카지노에서 일한다. 많은 분이 그러하겠지만 내 인생도 예측한 대로 흘러간 적이 한 번도 없다.

그래도 다행인 점은 서로 도움이 되지 않을 것 같던 시간이 점점 나이가 들며 도움이 된다는 것이다. 이공계 공부를 한 덕분에 지금은 딜러가 아닌 구매·관리 부서에서 숫자를 다룰 때 도움을 받고, 카지노에서 일하는 덕분에 소소하게 카지노 관련 영화가 나오면 매의 눈으로 허점을 찾을 수 있다. 특히 문예창작을 전공한 덕분에 회사에 다니며 겪는 매너리즘을 극복하는 나만의 방법을 하나 찾았는데, 그것은 바로 공모전 사냥이었다.

수기나 수필 공모전처럼 크게 에너지를 쏟지 않아도 지원할 수 있는 공모전에서 소소하게 장려상이라도 받는 것을 목표로 삼아 글을 썼다. 낙선할 때가 더 많았지만 가끔 입상이나 장려상이라도 받으면 아직 죽지 않았다는 성취감이 들었고, 많지 않은 상금으로 아내와 저녁 식사라도 하는 것이 좋았다. 거북이 영상을 찾아보게 만든 원동력은 바로 공모전이었고 좀 더 직설적으로 말하면 돈이었다.

'2019년 자원 및 환경 에너지 수필 공모전'은 자원 및 환경 에너지 관련 자유 주제로 실천 수기 등을 모집하는 공모전으로, 유럽환경에너지협회EEEA라고 해서 이름만 들어도 위엄과 기품이 뿜어져 나오는 곳에서 주최했다. 상금보다 상품이 정말 매력적이었다. 환경·에너지 관련 학회 및 국제기구(UNESCO, OECD, EU 등) 초청 방문이라니! 아내와 함께했던 스페인 여행과 홀로 떠났던 오스트리아 여행의 향수가 짙게 풍기면서 의지가 샘솟았다. 그래, 올해는 너로 정했어. 반드시 대상을 받아 초청 방문으로 유럽을 여행하는 사진을 SNS에 올리며 자랑하고 말리라!

2019년 5월, 나는 그렇게 거금 3만 원을 내고 공모전에 서류를 접수했다.

뺨을 때려 준 바다거북의
거북turtle한 진실

공모전 마감까지는 두 달이 남아 있었다. 이 두 달 동안 나는 누구보다도 친환경에 관심이 많고, 주변에서 발생하는 환경 오염에 분노하며, 물 한 방울도 소중하게 절약하고, 쓰레기를 줄이기 위해 기꺼이 불편을 감수하며, 미세 먼지 문제 등에 공감하는 진정성 있는 직장인이 되어야 했다. 유럽에 가야 하니까 말이다!

구체적으로 글의 주제를 고민하면서 문제가 생겼다. '환경'이라는 익숙한 말이 막상 활동 영역을 구체적으로 정하려고 보니 너무 광범위했다. 해양이나 수질 오염, 음식물 쓰레기, 분리배출, 대기 오염, 기후 온난화, 나무 심기 등 분야가 너무 많아 환경을 보호하는 구체적인 활동으로 뭘 어떻게 해야 할지 막막했다. 갑자기 회사를 그만두고 아프리카 같은 곳에 가서 한 달 동안 봉사 활동을 할 수도 없는 노릇이었다. 회사를 다니고 생계를 유지하면서 일상생활에서 무난하게 실천하기 쉽고 수치를 활용해 데이터를 만들기 쉬운 주제가 필요했다. 언제나 내 주변에 있는 것들 말이다.

꼼꼼히 공모 주제를 읽다 보니 '플라스틱'이라는 단어가 보였다. 나는 '유레카'를 외쳤다. 당장 사 먹는 생수부터 즉석밥, 일회용 비닐봉지는 물론 꽤 큰돈을 주고 산 '디즈니 레고성' 역시 플라스틱이었다. 할 말이 많아 보였고 여기에 어떻게든 진정성이라는 조미료를 섞으면 유럽 여행을 가는 것도 마냥 꿈은 아닐 것 같았다. 쉽게 말하면 좀 만만해 보였다.

그래서 플라스틱 문제를 다룬 여러 유튜브 채널을 찾아보았다. 플라스틱의 정의부터 원료, 분자 구조 그리고 레고 이야기까지 이어지는 영상들을 보면서 모처럼 학생 때 배운 이공계 공부를 되새기다 보니 신까지 났다. 레고를 사랑하는 사람으로서 레고가 일으키는 환경 오염 이야기가 나올 때 잠시 움찔했지만 딱 거기까지였다. 어차피 나중에 생분해 레고로 대체된다고 하니 그때 다시 레고 사랑을 이어 가

지구 닦는 황 대리

면 되리라. 모든 영상에서 플라스틱으로 인한 오염이 심각하다고 했으나 역설적으로 모든 영상이 다 내 일처럼 심각해 보이지는 않았다.

그러다가 코에 플라스틱 빨대가 낀 거북이 영상을 보게 되었는데, 왜 이 영상이 그렇게도 나에게 충격적이었는지 모르겠다. 거북이 코에 벌레처럼 꾸깃꾸깃 들어간 것이 너무 징그러워 보여서 그랬을까? 깨끗한 환경에서 유유자적하는 줄만 알았던 거북이가 피를 뚝뚝 흘려서 그랬을까? 잘 모르겠지만 너무 도시적인 물건이 너무 야생적인 동물과 한 앵글에 담긴 장면이 비현실적으로 보였고, 부르짖는 거북이의 비명과 새하얀 보트 갑판을 타고 흐르는 피가 한데 뒤섞여 몸 깊은 곳에 쿡쿡 박히는 느낌이 들었다. 왜 그랬는지 이유는 알 수 없지만 뒤통수를 한 대 맞은 것처럼 몰입해서 봤다.

너무 공감한 탓일까? 8분이 조금 넘는 영상을 그대로 보기가 고통스러워 세 번 끊어서 보았다. 중간중간 심호흡도 하고 휴대 전화도 보면서 딴생각을 하다가 겨우 끝까지 볼 수 있었다. 몇 번이나 동영상을 되돌려 보았다. 구조원이 벌레인 줄 알았던 이물질을 꺼내며 내뱉은 "Don't tell me it's a fxxx straw"라는 욕설을 나도 모르게 따라 했다. 저 빨대를 버린 사람을 재판에 세우고 싶을 정도였다. 비명을 지르는 거북이에게 너무 미안해서 울분을 삼키기 어려웠다.

그리고 지금까지 본 영상이 조금씩 내 일처럼 다가오기 시작했다. 새벽 2~3시가 넘었는데 도무지 잠이 오지 않았다. 어떻게 하다가 거북이 코에 플라스틱 빨대가 들어갔는지 의문이 풀리지 않았고, 저 거북이는 어떻게 되었을지도 궁금했다. 이렇게 나는 내 주변 환경의 진실을 향해 한 걸음 나아가게 되었다.

그렇게 내 공모전 작품명은 '거북turtle한 진실'이 되었다. 소소하지만 '입상'이라는 성과를 내며 앞으로의 행보를 응원해 주었다. 10만 원이라는 선물과 함께 말이다.

 거북이 코에 플라스틱 빨대가 낀 영상

유튜브에 '플라스틱 거북'이라고만 쳐도 다른 영상이 많이 나오며, 'plastic straw turtle'이라고 치면 조회 수가 1억 회에 달하는 8분 7초짜리 영상이 나온다. 관련 영상으로 플라스틱 포크가 코에 낀 거북이나 각종 플라스틱을 먹고 죽은 고래 등

거북이 코에 꽂힌 플라스틱 빨대를 빼고 있다

을 볼 수 있다. 비위가 약한 분들은 굳이 보지 않아도 되지만, 해양 생물에게 일어나는 일이므로 용기를 내어 살펴보고 약간 충격을 받는 것도 추천한다.

 플라스틱이란?

플라스틱은 주로 화석 연료인 석유에서 추출한 물질로 만든다. 석유 정제 과정에서 추출되는 물질을 결합해 고분자 화합물로 만든 것이다. 종류는 수백 가지며 우리가 흔히 아는 일곱 가지 구분 방법은 분리배출이 쉽도록 편의상 구분한 것이다. 특히 비닐봉지가 플라스틱인지 모르는 이들이 있는데, 비닐봉지의 영어 표현이 'plastic bag'이다.

내 스승은 여덟 살짜리 꼬마, 라이언 히크먼

나는 플로깅plogging(조깅하면서 쓰레기를 줍는 운동) 스승을 KBS 스페셜 〈플라스틱 지구〉에서 만났다. 플라스틱 문제를 다룬 이 환경 다큐멘터리에서는 태평양을 떠다니는 한반도 7배 크기의 플라스틱 섬, 하와이 뒤편으로 떠밀려 오는 쓰레기들, 미세 플라스틱이 발견되는 생수 등 점차 플라스틱으로 변해 가는 지구 문제를 적나라하게 보여 주었다. 환경에 관심이 없는 분들에게 입문용으로 강력히 추천한다(KBS 홈페이지에서 무료로 다시 보기를 할 수 있다).

여기서 몇 가지 인상적이었던 내용 중 첫 번째는 2015년 기준 우리나라 1인당 1회용 플라스틱 컵 사용량이 세계 1위라는 점이다. 전 세계 어디를 가도 한국만큼 위생에 철저한 나라가 없다. 서비스 정신이 투철하고 예의를 중시하다 보니 카페에서 테이크아웃을 하면 뜨거울까 봐 컵을 3개씩 겹쳐 주는 경우도 있다. 입은 하나인데 컵을 3개나 주다니. 위생과 편의에 대한 이런 지나친 배려가 플라스틱 컵 사용량 세계 1위라는 불명예를 안겨 주지 않았을까.

두 번째는 내로라하는 브랜드의 생수에서도 대부분 미세 플라스틱이 발견된다는 MIT 연구 결과였다. 우리 부부는 결혼 후 나름의 경제적·시간적 효율성과 미네랄 등의 영양 성분을 내세워 꾸준히 생수를 주문해서 먹었다. 수돗물을 그냥 먹기는 뭔가 찝찝하고, 매달 돈을 내면서 정수기를 설치하는 것은 아깝다는 생각이 들어, 어차피 페트병은 버리면 재활용되니 현명한 사람이라면 당연히 생수를 마시는 것이 좋다는 말도 안 되는 생각을 하고 있었다(나 같은 사람 때문에 대한민국 1인당 플라스틱 소비량이 세계 최상위권이다!). 그런데 생수에서 미세 플라스틱이 나온다니……. 돈을 더 내더라도 좋은 제품을 사서 먹던 내게는 더 충격적이었다. 아! 미세 플라스틱을 돈을 주고 사 먹었구나……. 그리고 회사 업무로 생수 공장을 견학하며 더 놀라운 사실도 알게 되었다. 어떤 생수 공장도 생수를 만들지 않는다는 것을, 그저 플라스틱 통만 1분에 수백 개씩 만들어 낸다는 것을 말이다.

이 다큐멘터리 후반부의 '이렇게 심각한 플라스틱 문제를 어떻게 해결해야 할 것인가'라는 부분에서 나는 스승을 만났다. 미국 캘리포니아에서 사는 그분은 '라이언 히크먼.' 세 살 때부터 여덟 살(2018년 방영 당시)인 지금까지 바닷가에서 쓰레기를 주워 온 아이였다. 아버지와 함께 쓰레기를 주워 재활용이 가능한 자원은 재활용 센터에 판매해 지속적으로 수입을 얻었다. 그가 4년 반 동안 올린 매출은 4,000만 원이 넘었다! 라이언스 리사이클링Ryan's Recycling이라는 회사 대표인 그는 수익의 99%를 해양 생물을 치료해 주는 보호 센터에 기부하고 있다.

키가 어른들 허리춤밖에 오지 않는 그 아이는 자기 몸집만 한 쓰레기봉투를 야무지게 묶어 쉴 새 없이 날랐다. 트럭에 싣고 또 싣는 모습이 지치지 않는 발전기 같았다. 1톤 트럭이 재활용 쓰레기로 가득 채워지자 꼬마 대표는 아버지와 함께 캘리포니아주에서 운영하는 재활용 센터로 가서 쓰레기를 팔고 돈을 받아 왔다. 이는 CRVCalifornia Refund Value라는 캘리포니아주 일회용 음료 용기 보증금

세 살때부터 쓰레기를 주워 재활용 회사 대표까지 된 라이언 히크먼

환불 제도 덕분인데, 센터에서는 소비자가 플라스틱 빈 병을 가져가면, 용기의 크기에 따라 보증금을 환불해 준다. 라이언 히크먼은 이런 식으로 매달 50만 원 이상의 수입을 올렸고, 자기 명의 회사 대표까지 될 수 있었다.

"식은 죽 먹기죠. 여덟 살짜리가 할 수 있다면 모두가 할 수 있어요."

꼬마 대표의 이 말은 나를 보고 하는 것 같았다. 우리는 모두 살면서 한 번쯤 쓰레기를 주워 보았을 것이다. 특히 초등학교 때 교내 봉사 활동으로 많이 했다. 쓰레기를 주워 칭찬받으면서도 도대체 왜 여기에 이런 쓰레기가 있는지 이상하다고 생각한 적이 있을 것이다. 초등학교 이후 거의 25년 동안 해 본 적 없는 이 선한 행동을 꼬마 대표는 자기 인생의 절반 이상을 하며 살고 있었다.

라이언 히크먼이 거북이 코에 플라스틱 빨대가 낀 영상에 대해 말할 때는 이 꼬마 대표와 친구가 된 것 같았다. 고통스러워하는 거북이 표정을 따라 하며 말하는 그는 누가 봐도 개구쟁이 같았지만 그가 한 말 한마디 한마디는 정확하게 문제의 핵심을 꼬집었다.

이런 이야기를 들으면서 상금과 상품을 목적으로 환경 문제에 접근했던 내가 몹시 부끄럽게 느껴졌다. '환경을 위해 4,000만 원 가까이 기부한 여덟 살짜리 아이도 있는데 나는 100만 원과 여행권에 눈이 멀어 이렇게 중요한 환경 문제를 수단으로만 여겼구나.' 어느덧 밝아진 창밖을 바라보며 나 자신을 진심으로 되돌아보았다. 긴 밤을 지내는 동안 가슴속에서 우러난 진한 부끄러움을 간직한 채 겨우 잠자리에 들 수 있었다. 꽤 다른 사람이 된 듯한 기분으로 말이다.

🔍 플로깅이란?

조깅하면서 길의 쓰레기를 줍는, 체육 활동과 자연 보호 활동이 합쳐진 개념을 의미하는 신조어다. 2016년 스웨덴에서 처음 시작했으며, '이삭 줍기'를 뜻하는 스웨덴어 '플로카 업Plocka Upp'과 영어 단어 '조깅jogging'이 합쳐졌다. 아이슬란드의 그뷔드니 요한네손G. Jóhannesson 대통령이 참여하면서 유럽에서 큰 화제가 되었다. 우리나라에는 조금 늦은 2018년 즈음 알려졌으며, '쓰레기 줍는 조깅'의 줄임말인 '줍깅'이라고 번역되기도 한다. SNS를 중심으로 북유럽 선진국의 운동 문화라는 타이틀을 달고 퍼져 나갔다.

왜 우리나라에선 라이언 히크먼이 탄생할 수 없을까?

라이언 히크먼을 세계적 영웅으로 만들어 준 배경에는 CRV라는 일회용 음료 용기 보증금 환불 제도가 있다. 보증금 병을 주워서 가면 돈으로 돌려받을 수 있기에 가능했던 것이다. 한마디로 '순환'하게 해 주는 인프라 덕에 지속 가능한 활동을 할 수 있는 것이다.

환경 활동을 하면서 우리나라에도 환경을 위해 활동하는 아이들이 많다는 것을 알게 되었다. 하지만 국내의 보증금 환급 제도는 너무 협소하다. 라이언 히크먼이 일주일에 두 번 정도 폐자원을 팔아서 50만 원가량 수익을 얻는 데 비해 우리나라에는 일회용 음료 용기에 보증금 제도가 적용되지 않고, 민간 기업인 수퍼빈superbin에서 소액 보상해 주는 사업을 하고 있다.

페트병 1개를 반환했을 때 소비자가 받는 금액은 보증금제가 시행되는 캘리포니아주는 약 50원, 독일은 약 300원이지만 우리나라에서는 수퍼빈에서 10원을 소비자에게 보상해 준다. 5~30배 차이가 나는 것이다. 그래서 독일에서는 파티가 끝나고 아침이 되면 플라스틱 페트를 찾아볼 수 없다고 한다. 미국에서 라이언 히크먼이 매달 50만 원의 수익을 얻는다면 우리나라에서는 10만 원 정도 수익밖에 얻을 수 없다. 진정성이 있더라도 국내 어린이가 영웅이 되려면 라이언 히크먼보다 5배는 더 열심히 쓰레기를 주워야 한다는 계산이 나온다. 일회용 컵 보증금 제도가 다시 도입된다는데, 제발 현실성 있는 보증금이 책정되면 좋겠다. 영웅은 좋은 인프라에서 탄생한다. (출처: www.calrecycle.ca.gov)

 ## 캔과 페트병을 넣으면 보상금을 주는 네프론 기계

캔이나 페트병을 넣으면 포인트로 전환해 주는 인공 지능 기계로, 주식회사 수퍼빈이라는 기업의 제품이다. 캔과 페트병을 넣으면 10포인트씩 적립되며, 2,000포인트 이상 모으면 현금으로 인출할 수 있다. 아직 국내엔 소주·맥주

병을 제외하고는 100원 이상의 보증금을 주는 순환 제도 인프라가 없는 상황에서 수퍼빈은 훌륭한 대안으로 그 역할을 하고 있다. 다만 해외 사례와 비교해 봤을 때 적립되는 포인트가 조금 적다.

나는 이 네프론 기계를 처음 보았을 때 느꼈던 환희를 아직도 잊지 못한다. '수세권(수퍼빈 근처 거주지)'이라는 말까지 만들어 내며 열심히 주변에 알리는 전도사를 자처했는데, 내가 대표로 있는 플로깅 모임, 와이퍼스WIPERTH를 통해 수퍼빈을 체험한 시민들도 많다. 와이퍼

수퍼빈의 네프론

스에서는 코로나 시기에 재난을 극복하기 위해 페트병과 캔 1,000개를 모아 6,000원을 기부하고, 19km 플로깅을 함께하며 코로나19 극복을 응원하였다.

주우면 비로소 보이는 것들(feat. 용기내 캠페인)

"여보, 나 쓰레기를 주워 봐야겠어."

아내는 몹시 당황했을 것이다. 어제까지만 해도 공모전 주제를 찾아보겠다던 남편이 갑자기 쓰레기를 줍겠다고 하고, 생수를 그만 시켜 먹자고 하고, 그전까지 그렇게 반대하던 정수기를 바로 사자고 하니 말이다. 아내는 주섬주섬 나갈 준비를 하는 나를 조금은 걱정스러운 눈초리로 쳐다보았다.

처음인 만큼 007 작전을 방불케 하는 진지함으로 필요한 물품을

나의 첫 플로깅 준비물

챙겼다. 오늘의 미션은 400m 가량 떨어진 운동장에서 운동하고, 김밥을 용기에 안전하게 담아 포장한 뒤 집으로 가져오는 것이다. 다만 이동하는 동안에는 쓰레기를 주울 것! 내가 챙긴 것은 10L가 조금 넘는 투명 쇼핑백, 텀블러, 반찬 용기, 장갑, 손수건이었다. 쓰레기 줍는 걸 누가 이상하게 보고 "뭐 하시는 거예요?"라고 물으면 "아, 농구하러 가면서 그냥 쓰레기가 보여서요. 하하"라고 그럴싸한 핑계를 대기 위해 농구공도 굳이 챙겼다. 매일 여는 현관문이 오늘따라 조금은 더 무거웠다.

그런데 집을 나서자마자 보이는 대로변에는 쓰레기가 많아도 너무 많았다. 오늘 쓰레기를 줍기로 결심해서 그런지 평소에는 보이지 않던 쓰레기들이 다 나와서 존재를 알리는 것 같았다. 눈치를 보며 쓰레기 하나를 줍자마자 바로 옆에 보이는 페트병, 담배꽁초, 비닐, 캔, 종이컵 등 많은 쓰레기가 길에서 나뒹굴었다. 하나를 주울 때는 남의 눈치를 보았지만 이어서 줍다 보니 남의 눈치보다 근처에 놓인 쓰레기가 더 신경 쓰였다. 내가 지나간 길만큼은 쓰레기를 찾아볼 수 없을 만큼 깨끗하게 만들어 버리고 싶은 욕심도 생겼다. 그렇게 걷다 보니 100m도 못 가서 준비한 쇼핑백이 다 찼다. 원래 목표는 운동장에 도

착할 때까지 쓰레기를 줍는 것이었는데 말이다. '쓰레기가 없으면 어떡하지'라는 걱정을 잠깐이라도 했던 내가 우스웠다.

공사장 근처에는 담배꽁초와 각종 음료수 병이 여기저기 버려져 있었고, 하수구에도 역시 담배꽁초가 가득했다. 경계석 위에도 누군가 마시다가 두고 간 테이크아웃 컵이 놓여 있었다. 얼음이 녹아 희끄무레하게 변한 액체가 담겨 있기도 했고, 담배꽁초가 들어 있는 경우도 있었다. 공원 운동장에서는 축구 동호회의 경기가 한창이었는데, 대기석 주변으로 페트병이 어마어마하게 쌓여 있었다. 마신 것도 있고, 아직 뜯지 않은 것도 있고, 바닥을 굴러 다니는 것도 있었다.

공원 쓰레기통에 쓰레기를 비우고 다음 미션 장소인 김밥 가게로 향했다. 가게로 이동하는 동안에도 시장 골목 구석구석에 쓰레기가 있었다. 한 번 눈에 들어오기 시작한 쓰레기들이 자꾸만 눈에 밟혔다. 비슷한 것 같으면서도 다른 쓰레기들이 모세혈관을 막는 이물질처럼 쌓여 있었다. 지금까지 외면했던 거북한 진실을 이제야 직면한 느낌이 들었다.

"참치 김밥 한 줄과 일반 김밥 한 줄 여기에 담아 주세요."

이 말과 함께 용기를 건네며 '행여 안 된다고 하지 않을까, 괜한 잔소리를 하지는 않을까, 용기가 작으면 어쩌지' 등 오만 가지 생각이 머릿속을 스쳤다. 그러나 용기를 건네받은 아주머니는 무심하게 주문 사항에 맞춰 포장해 주었다. 특별한 칭찬도 없었고, 그렇다고 언짢은 느낌을 주지도 않았다. 평소 음식을 주문하고 포장하는 것과 똑같았다. 바뀐 것은 당연하게 함께 따라오던 은박지, 나무젓가락, 비닐봉

지구 닦는 황 대리

지를 빼고 알맹이만 샀다는 것과 이 용기를 챙겨 온 나 자신뿐이었다 (내가 한 이 행동이 나중에 배우 류준열의 용기내 캠페인이 될 줄 알았다면 더 많은 사진과 영상을 찍어 둘 걸 그랬다).

처음으로 쓰레기를 줍고 집으로 오는 동안 나도 모르게 바닥을 보면서 걸었다. 평소 같으면 스마트폰을 보면서 좀비 같은 속도로 걸었을 텐데 단 한 번의 경험으로 내 시야가 변한 느낌이 들었다. 대부분 저마다 가치를 지녔던 물건들이다. 목젖을 때리는 막걸리를 담는 가치, 피곤함을 달래 줄 커피를 담는 가치, 차가운 아이스크림을 손에 묻히지 않고 먹게 해 주는 가치…… 하지만 소비자가 알맹이를 다 이용한 후 이 물건들은 쓰레기로 버려지고 만다. "어떻게 사랑이 변하니!" 오래된 영화 대사가 길거리에서 들려오는 것 같았다.

아내와 김밥을 먹다가 조금 남은 것은 용기 그대로 냉동실에 보관했다. 은박지를 벗길 필요도 쓰레기를 버릴 일도 없으니 외려 훨씬 편하다는 생각이 들었다. 내 손에 용기를 들고 가야 한다는 아주 작은 불편 하나로 이렇게 많은 이득이 생긴 것이다. 번거롭다는 건 정말 찰나의 순간만을 포착한 변명일 뿐 이런저런 생각 자체를 하지 않는 귀차니즘일 뿐이었다. 쓰레기를 줍는 건 생각보다 그렇게 부끄러운 일이 아니었고, 애초부터 쓰레기를 만들지 않기 위해 용기를 들고 물건을 포장해 오는 일은 그다지 유난스러운 일이 아니었다. 작은 행동이 이렇게 빨리 사람을 바꿀 줄 알았다면 환경 관련 공모전을 조금이라도 일찍 접할 걸 그랬다.

나의 첫 제로 웨이스트 제품,
대나무 칫솔

(초보 눈높이 수준에서 바라본 제로 웨이스트 실천기는 3부 지구를 닦는 습관에서 상세하게 다룬다. 여기서는 막 환경에 관심을 두기 시작한 일반인 관점을 따라 처음 구매한 제로 웨이스트 제품인 대나무 칫솔만 언급하니 꿀팁이 필요한 분들은 바로 그 부분으로 가도 된다.)

처음 쓰레기를 줍고 난 뒤 애초부터 쓰레기를 만들지 않는 제품을 구매하는 것이 길거리에 버려진 쓰레기를 줍는 것만큼 중요할 수 있겠다는 생각이 들었다. 마침 다큐멘터리를 보면서 '제로 웨이스트Zero-waste'라는 용어를 처음 알게 되었다. 제로 웨이스트는 말 그대로 쓰레기를 만들지 않는 것을 의미한다. 소소하게는 카페에 갈 때 텀블러를 가지고 가거나 종이 타월 대신 손수건을 쓰면 쓰레기를 만들지 않을 수 있다. 장을 볼 때도 미리 장바구니와 용기를 가져가면 쓰레기 없이 알맹이만 가지고 올 수 있다.

제로 웨이스트라는 말을 유행시킨 사람은《나는 쓰레기 없이 살기로 했다》의 저자 비 존슨Bea Johnson이다. 이 책에 나오는 4인 가족이 1년 동안 만들어 내는 쓰레기양은 손바닥만 한 유리병 하나 정도다. 티슈를 사용하지 않는 것은 물론이거니와 퇴비화로 음식물 쓰레기도 만들어 내지 않는다. 이 이야기를 처음 들었을 때 내 느낌은 솔직하게 이랬다.

'내가 하기는 불가능한 일이구나.'

지구 닦는 황 대리

당장 한 끼 식사를 만들려고 장을 봐도 그 이상의 쓰레기가 나올 것 같은 나에게는 엄두도 낼 수 없는 수준이었다. 엄청난 무술 고수가 발차기 한 번으로 굵은 나무를 부러뜨리거나 NBA 선수가 360도 회전해 덩크 슛을 하는 장면을 보는 정도의 느낌이었다. 놀랍기는 하나 내가 할 수 있을 것 같지는 않아 전혀 동기 부여가 되지 않았다. 고민이 많았다. 이제 막 쓰레기 한 번 주웠을 뿐인데, 고작 김밥 한 번 포장해 봤을 뿐인데 나의 친환경 생활에 대한 도전은 여기서 끝인가? 너무 높은 수준을 보고 나니 내가 하는 일이 별것 아닌 것처럼 느껴졌다.

한 번에 모든 것을 바꾸려고 하니 도저히 엄두가 나지 않아 고민 끝에 일단 먼저 제로 웨이스트 제품을 한 가지 구매하기로 했다. 그렇게 선택한 아이템이 대나무 칫솔이었다. 다양한 아이템이 있었지만 대나무 칫솔을 구매한 이유는 다음과 같다.

첫째, 매일 두세 번은 써야 하니 환경에 대한 의식을 환기하기 좋을 것 같았다. 회사나 집에서 자주 쓰다 보면 주변에서도 관심을 가질 것 같았고, 이제 내가 환경에 관심이 생겼다는 사실을 티 내고 알리기에도 좋아 보였다.

둘째, 마침 집에 칫솔이 똑 떨어지려던 참이었다. 구매 목록을 나열하다 보니 이것저것 사 보고 싶은 게 많았지만 기존 제품이 아직 많이 남았는데 그걸 없애고 다시 구매하는 건 제로 웨이스트를 위한 웨이스트가 되는 거라 찜찜했다.

셋째, 칫솔에 각인 서비스도 가능해서 아내를 친환경 활동으로 끌

우리 부부가 사용하는 대나무 칫솔

어들이는 뇌물(?)로 적합하다고 판단했다. 아내가 좋아할 만한 문구를 새겨서 준다면 하루아침에 다른 사람이 되어 버린 남편을 덜 걱정할 거라고 생각했다.

며칠 뒤 칫솔이 들어 있는 택배가 도착했다. 아니나 다를까, '친환경 부부'라는 문구를 새긴 칫솔을 받은 아내는 매우 좋아했다. 디자인이 예쁠 뿐만 아니라 칫솔모 자체는 시중 일반 칫솔과 비슷해 양치질하는 데 느껴지는 감촉은 아무런 차이가 없었다. 우리는 파스타 소스 병을 깨끗이 씻어 꾸민 후 칫솔 거치대로 활용했다. 칫솔은 거실에 보관했는데, 대나무 칫솔이 습기에 약해서 물기에 계속 닿으면 금방 썩어 버리기 때문이었다.

이전 같으면 불편하다고 느꼈을 이런 사소한 규칙이 이제는 뭔가

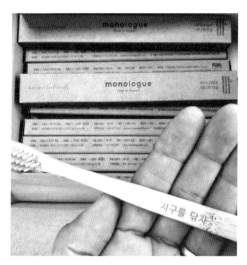

'지구를 닦자'를 새긴 대나무 칫솔. 와이퍼스 이름과 정체성을 정하는 데 중요한 역할을 했다

중요한 임무라도 맡은 것처럼 기분 좋은 책임감으로 다가왔다. 거실에 놓인 칫솔을 보니 우리 부부도 이제 친환경적인 삶을 시작한 것 같은 기분이 들었다.

좋아하는 아내를 보면서 내친 김에 대나무 칫솔을 20개 정도 더 구매해서 직장 동료들에게 나누어 주었다. 선물을 받은 동료들은 모두 고마워했고, 환경에 대한 내 설명도 좀 더 열린 마음으로 들어 주었다. 대나무 칫솔이 마음을 여는 열쇠가 된 셈이다. 대나무 칫솔에는 '지구를 닦자'라는 문구를 새겼는데, 이는 나중에 내가 만드는 모임인 와이퍼스의 이름과 정체성을 정하는 데 아주 중요한 역할을 한다.

"우리가 일생에 한 번이라도 사용한 칫솔은 어떤 형태로든 지구에 남아 있다"라는 문구를 본 적이 있다. 파도에 쓸려 마모된 채 바닷가에 방치되어 있거나 매립지에 타다 남은 채로 버려져 유해한 화학 성분이 그대로 노출된 채 말이다. 심지어 칫솔은 복합 플라스틱 소재라 분리배출을 해도 재활용이 되지 않는다. 결국 정말 오랫동안 썩지 않는 쓰레기라는 말이다.

'나 하나쯤이야'라는 생각이 들 때 곱하기 5,000만 명을 해 보면 무게감이 달라진다. 한 걸음씩, 하지만 시작은 빠를수록 좋다고 생각한다. 그래야 자꾸 핑계만 대며 늦추지 않고 친환경 삶을 하루라도 빨리 시작할 수 있기 때문이다. 혹시 이미 환경에 관심을 가지고 생활하고 있다면, 이런 소소한 선물로 사람들을 설득해 보아도 좋을 것 같다. 무엇보다 선물을 싫어하는 사람은 없기 때문에, 나의 작은 선의가 다른 사람들이 친환경에 관심을 가지도록 유도할 수 있으며 그렇게 세상도 조금 좋아질 테니 말이다. 고맙게도 회사에서 우리 팀은 이제 모두 대나무 칫솔을 쓴다.

할 줄 아는 건 지구를 위한 뜀박질뿐

처음 쓰레기를 줍고 어느덧 보름 정도 시간이 지났다. 이제 대나무 칫솔도 제법 익숙해졌고, 생수는 더 주문하지 않게 되었으며, 집 앞에서만 하던 쓰레기 줍기도 점점 한강이나 중랑천 근처 벚꽃길까지 범위를 넓히고 있었다. 보통 집에 있는 세탁소 비닐을 활용해서 쓰레기를 주웠다. 비닐은 그냥 버릴 때마다 아깝기 그지없었는데, 이렇게 쓰

지구 닦는 황 대리

레기를 줍는 봉지로 재활용하고 버리니 비닐에도 덜 미안했다. 주운 쓰레기는 공용 쓰레기통에 분리배출하고 집으로 들어왔다.

그런데 이렇게 쓰레기를 줍다 보니 아쉬운 점이 있었다. 분명 누가 봐도 좋은 일을 하고 있고 종종 마주치는 어르신들이 칭찬도 해 주시며 과일도 한 점 주곤 하시는데 이걸 어떻게 자랑해야 할지 모르겠다는 것이었다. SNS에는 워낙 관심이 없고 휴대 전화와 친한 성격도 아닌지라 SNS로 이런 일을 알리는 것 자체가 가능할지 궁금했다. 몸 좋고 잘생긴 모델도 아닌 나 같은 일반인이, 그것도 쓰레기를 줍는다는데 이런 일에 관심 있는 사람이 있을까? 내 인스타그램 계정을 팔로우하는 사람은 고작 100명뿐이니 팔로어가 나보다 2배가 훌쩍 넘는 아내의 계정이 그렇게 탐나고 부러울 수 없었다.

친환경과 관련한 활동을 검색해 봐도 여성 고객들이 친환경 소품과 관련해 게시하는 소소한 콘텐츠가 대부분이었다. 그런데 제로 웨이스트 제품이나 사용 후기 같은 것을 어쩌면 그렇게 눈을 사로잡게 잘 올렸는지! 똑같은 제품을 나한테 홍보하라고 하면 나는 낙제점을 받을 게 뻔했다. 나는 포토샵을 할 줄도 모르고 손도 농부 손처럼 투박하며 남을 사로잡을 만큼 이모티콘을 사용하는 온라인식 글쓰기도 잘할 줄 몰랐다.

환경에 대해 마음은 있으나 어찌해야 할지 몰라 낙담하던 내 눈을 사로잡은 단어가 있었다. 바로 '러닝Running'이었다. 요즘 젊은이들 사이에서 뜨겁게 인기를 끌고 있는 달리기! '러닝 크루'라는 테두리 안에서 서로 만나 달리는 모습은 누가 봐도 건강해 보였다. 누가 봐도 좋은 일인 쓰레기를 줍는 활동과 누가 봐도 건강해 보이는 러닝을 합치면 꽤 진정성 있는 메시지를 전할 수 있을 것 같다는 생각이 들었다 (이런 활동을 플로깅이라고 하는 것도 나중에 알게 되었다). 특히 이런저런 재주가 없는 나 같은 사람은 일단 몸으로 때우며 반응을 보는 게 최선이었다. 그렇게 러닝을 결심하게 되었다.

겁 없는 초짜의 50km 산악 마라톤

사실 나는 달리기를 싫어한다. 구기 종목이나 등산, 자전거 등은 좋아하지만 아무것도 하지 않고 그저 달리는 것의 매력을 당최 이해할 수 없었다. 원래 달리기는 횡단보도 초록불이 깜빡이거나 회사에 늦었을 때 하는 것 아닌가? 고등학교 때 7km 교내 달리기 대회가 있었는데, 친구들과 열심히 수다를 떨며 걸어서 완주했다. 그런데 갑자기 환경 때문에 달리기를 하게 되다니 인생은 정말 알 수 없다.

처음에는 러닝 크루에 들어가 천천히 체력도 키우고 러닝 방법도 배우고 친목도 쌓으려고 했다. 그러면서 자연스럽게 크루 사람들에게 환경이나 플로깅을 알리고 점차 그들을 친환경 러닝 크루로 만들어가겠다는 목표가 있었다. 대나무 칫솔을 하나씩 주면서 다가가면 모두 관심을 갖고 친환경 러닝 크루가 될 줄 알았다. 직장 동료들이 그랬던 것처럼 말이다. 하지만 크루는 직장과 달랐다.

그들은 대부분 러닝 자체나 기록, 러닝 관련 굿즈에 관심이 많았다. 내가 추구하는 친환경은 옳은 방향이지만 매력 없는 소재일 뿐이었다. 두세 군데 모임을 알아보고 같이 러닝을 해 보다가 결국 혼자서라도 내가 추구하는 방향으로 나아가는 게 낫다고 판단하게 되었다. 그리고 나처럼 환경에 관심 있는 사람이 어딘가에서 환경 활동 모임이 만들어지길 기다릴 수도 있지 않은가?

일단 저지르고 보기 세계 챔피언인 나는 마라톤 대회부터 신청하기로 마음먹었다. 벼락치기에 능통한 나에게는 선신청 후준비 시스템이 효율적일 거라고 생각했다. 대회 신청부터 해야 좋아하지 않는 러닝을 준비라도 할 테고, 쓰레기를 주우며 대회를 완주하면 환경에 전혀 관심이 없던 사람도 궁금해서 쳐다볼 거라고 생각했다. 그러려면 제법 인상적인 대회를 골라야 했다. 가장 먼저 떠오른 건 마라톤 풀코스였지만 아무리 생각해도 42.195km라는 먼 거리를 뛸 자신이 없었다. 잠깐이라도 걸으면 실패한 사람처럼 보일 것 같고 4~5시간 내내 뛰는 것보다는 코에 빨대를 넣는 게 덜 힘들 것 같았다.

동시에 마라톤보다 임팩트가 컸으면 좋겠다는 억지스러운 욕심도 있었다. 어찌되었든 임팩트가 없으면 아무도 관심을 두지 않을 것이기 때문이다. 그렇게 고민하다 참가하게 되었다. 서울시에서 주최하는 50km 산악 마라톤(트레일 러닝) 대회를 말이다. 특히 산악 마라톤은 산을 탈 때는 계속 뛰지 않아도 되니 페이스 조절이 가능하고, 잠깐씩 경치도 즐길 수 있어 지루함이 덜할 것 같았다. 종종 등산도 했고 매주 동호회에서 농구도 하니 이를 악물고 부딪치면 어떻게든 되지 않을까? 대회까지 남은 기간은 약 3주였다. 멋지게 테이프를 끊고 박수를 받으며 결승선을 통과할 생각만 앞섰던 그때는 지금 생각해도 꽤나 무모했다.

마라톤을 준비하며 가장 놀란 것은 대회에 참가하려면 돈을 내야 한다는 것이었다. 게다가 참가비가 무려 10만 원이 넘었다! 달리기를 돈을 내고 해야 한다는 사실은 나에게는 너무 충격적이었다. '이걸 기부 마라톤이라고 하나?'라고 착각할 정도였다. 달리기를 전혀 모르는 나로서는 울며 겨자 먹기로 참가비를 내야 했고, 접수를 마치고 보니 생각보다 필요한 장비가 많았다. 장시간 산행으로 사고 위험이 많다 보니 머리에 다는 랜턴부터 호각, 러닝화까지 여러 가지 장비를 꼼꼼하게 구비해야 했다. 아무런 장비가 없던 나는 중고 거래에 더해 지인에게 물품을 빌려 준비를 마쳤다. 유일하게 새로 구매한 장비가 트레일 러닝화였는데, 처음 대회로 50km 산악 마라톤을 나간다는 말을 들은 가게 사장님이 황당해했다. 진정으로 걱정이 가득 담긴 그분의 눈빛을 보고서야 내가 저지른 일을 조금이나마 파악할 수 있었다. 아, 이를 악문다고 해도 안 될 수 있겠구나.

그날부터 이틀에 한 번씩 꾸준히 달리기를 시작했다. 2km도 한 번에 달리지 못할 만큼 저질이던 체력이 그래도 10일이 지나니 5km 정도는 쉬지 않고 뛸 수 있게 되고, 보름이 지났을 때는 10km를 1시간 정도에 완주할 수 있게 되었다. 주말에는 대회 코스인 북한산을 왕복으로 종주하며 미리 코스를 익혔다. 내 목표는 좋은 성적이 아닌 제한 시간 14시간 이내에 완주하는 것이었다. 그리고 그 과정에서 꼭 쓰레기를 줍는 것이었다. 주변에도 50km 산악 마라톤 대회에 나간다고 여기저기 말을 해 두었다. 다들 신발 가게 사장님과 같은 반응을 보였지만 죽지 않고 살아 돌아오라고 격려해 주었다. 이 정도면 창피해서라도 완주할 수밖에 없었다. 스스로 친 배수의 진 안에서 대회 날짜는 금방 다가왔다.

대회 당일, 새벽 5시에 일어나 대회장으로 향했다. 사람들은 누가 봐도 달리기에 관심이 많아 보이는 차림으로 모여 몸을 풀고 있었다. 대부분 크루나 동료, 친구들과 함께 온 것처럼 보였고, 나는 그 속에서 혼자만의 목표를 가지고 몸을 풀었다. 내 등에는 '지구를 닦는 친환경 러너'라는 표식과 생분해 쓰레기봉투가 매달려 있었다. 설악산 대청봉을 두 번 왕복하는 정도의 높이와 시청에서 인천공항까지의 거리. 부디 다치지 않기를 그리고 제발 걸어서라도 완주할 수 있기만을 얼마나

50km 산악 마라톤에 출전했을 때의 모습

기도했는지 모른다.

"이야, 좋은 일 하시네요!"

10km를 넘긴 북한산 코스 초입에서 만난 어르신이 인사를 건넸다. 다부진 체격인 어르신은 30년째 마라톤을 하고 있다고 하셨다. 항상 마라톤을 하며 길거리나 산에 버려진 쓰레기를 보면서 찝찝했는데 나와 같은 방식으로 러닝하는 젊은 사람을 보니 기분이 좋다고 하셨다. 그분과 북한산을 종주하며 완주하기까지 페이스 관리법이나 주의할 점에 대해 조언도 듣고 환경 이야기도 나눌 수 있었다. 중간에 만난 동료들에게도 나를 소개했더니 칭찬하며 꼭 완주하면 좋겠다고 격려해 주었다. 사실 이런 이야기를 듣고 좋은 영감을 나누고 에너지를 얻기 위해 참가한 것이었다. 목표보다 중요한 보너스를 받은 기분이었다.

사실 이 마라톤 대회를 택한 가장 큰 이유는 '친환경' 러닝 대회라는 홍보 때문이었다. 중간마다 위치한 포인트에서 일회용 종이컵을 제공하지 않는 식으로 환경을 챙기겠다는 메시지가 마음에 들었다. 하지만 완벽한 것은 아니었다. 중간에 국수를 제공하는 포인트에서는 일회용 스티로폼 그릇과 나무젓가락을 제공했다. 나무젓가락은 집에서 챙긴 개인 식기로 대체할 수 있었으나 일회용기는 어떻게 할 방법이 없었다. 노력한 흔적은 보였으나 아쉬움이 남는 것은 어쩔 수 없었다.

경치도 보고, 쓰레기도 줍고, 포인트마다 쓰레기를 비우며 목표대로 진행되던 달리기는 40km를 넘기면서 한계가 오기 시작했다. 실제 대회 전에 가장 오래 걷고 뛴 거리는 약 30km였다. 무엇보다 평

지구 닦는 황 대리

소에 좋지 않던 무릎이 너무 아팠다. 남들은 속도를 내기 시작하는 구간인 북악스카이웨이 내리막 구간에서는 절룩대며 뒷걸음질로 내려왔다. 이 구간에서 대회에 참가하는 사람이 이렇게 많았나 싶을 만큼 수많은 인파가 나를 지나쳐 갔다. 휙 소리를 내며 지나가는 자동차와 바람을 만끽하며 지나가는 자전거가 그렇게 얄미울 수 없었다.

겨우 도착한 마지막 5km 구간은 인왕산이었다. 가파른 돌산으로 유명한 인왕산은 높지는 않지만 험준한 바위산이기에 등산할 때 특히 안전에 유의해야 했다. 나는 마지막 구간에 인왕산을 넣은 주최 측에 꽤 험한 말(?)을 속으로 뱉어 가며 꾸역꾸역 하산했다. 계단 하나를 내려갈 때마다 대바늘 수십 개가 무릎과 연골을 찌르는 것 같았다. 가뿐하게 하산하는 시민들 사이에서 등 번호를 단 선수인 나는 스틱에 의지해 어떻게든 충격을 줄이며 걸음마 하듯 하산했다. 계단 하나, 바위 하나, 걸음 하나마다 비명을 지르며 끝날 것 같지 않던 바위산을 내려오니 드디어 결승점이 보였다. 요란한 음악 속에서 축하의 박수를 받으며 올림픽에서만 보던 하얀 테이프를 끊었다.

새벽에 시작한 대회는 노을이 질 때가 되어서야 끝났다. 11시간 13분. 목표는 달성했다. 14시간 커트라인 안에 결승선을 통과했고, 처음부터 끝까지 쓰레기를 주웠다. 포인트마다 쓰레기를 버리고 다시 채웠고, 그 과정에서도 최대한 쓰레기를 줄이려고 노력했다. 최소한 몇 사람에게라도 환경에 이렇게 관심 있는 남자가 있다는 사실을 알릴 수 있어서 무엇보다 좋았다. 게다가 꼴등인 줄 알았던 내 성적은 102명 중 70등이었다! 이 정도면 남들이 뭐라고 해도 내게는 올림픽

3관왕을 차지한 것처럼 벅찬 일이었다. 느려도 진정성 있게 가다 보면 누군가는 이 진심을 알아줄 것이다. 그리고 그중에서 1명의 마음이라도 움직였다면, 나는 충분히 내 역할을 한 것이다. 발바닥, 무릎, 종아리, 정강이 어디 하나 성한 곳이 없었지만 오늘 하루만큼은 텔레비전에서 보던 환경 활동가가 된 느낌이 들었다.

텀블러를 들고 뛸 수는 없을까?

'이가 없으면 잇몸으로!'라는 마음으로 50km 산악 마라톤을 완주해 보니 이제 10km 정도는 어떻게든 뛸 수 있겠다는 자신감이 생겼다. 마침 국내 메이저 자동차 제조 기업에서 친환경 마라톤 대회를 열었다. 미리 플로깅하거나 대중교통을 이용하거나 자전거를 타는 등의 친환경 활동을 하면 애플리케이션을 통해 포인트를 지급했고, 이런 인증 내역이 있으면 대회도 공짜로 참여할 수 있었다(그렇다! 달리기는 무료가 맞다!). 이런 대회라면 또 한 번 '지구를 닦는 친환경 러너'라는 표시를 달고 뛰어 볼 만할 것 같았다. 저번 대회보다 훨씬 더 많은 사람에게 친환경 러닝을 알릴 기회라고 생각했다. 게다가 예상 참여 인원도 수천 명이니 이보다 더 좋은 기회는 없었다.

이왕 참여하는 김에 50km 산악 마라톤을 했을 때처럼 나만의 방법으로 완주해 보고 싶었다. 일단 이전처럼 쓰레기를 줍고, 여기에 추가로 텀블러를 들고 뛰어 보기로 했다. 50km 대회에서는 도저히 엄두가 안 나서 500mL 페트병을 사용했는데, 10km 정도 러닝이라면

한 번 도전해 볼 만하다고 생각했다. 자주 쓰는 스타벅스 텀블러를 챙기고, 친환경 러너 마크를 다시 한번 꺼내 들었다. 목표는 1시간, 러닝머신 속도를 10km/h로 맞추고 1시간을 뛰는 강도였다. 텀블러를 들고 뛰면서 쓰레기를 주우며 1시간 안에 들어오고 싶었다. 태어나 한 번도 공식적인 마라톤 대회를 뛰어 본 적 없는 '초보 러너'의 첫 도전은 그렇게 시작되었다.

집결지인 여의도 공원은 대회 유니폼을 입은 사람들로 인산인해를 이루었다. 다들 신발도 보호대도 뭔가 번쩍번쩍하고 팔목에는 러닝용 전자시계를 하나씩 차고 있었다. 지난번에 구입한 트레일 러닝화를 그대로 신고 손목에는 생분해 쓰레기봉투를 묶고 등에는 '친환경 러너'라는 문구를 붙인 내가 갑자기 부끄러웠다. 누군가 나를 사진 찍어서 SNS에 올리고 "친환경 러너라던데 진짜 못 뛰더라" 하면서 놀릴 것 같았다. 괜히 사람들이 나를 보고 수군거리는 것 같았고, 이러다 목표도 못 지키면 창피만 당하는 것 아닌가 하는 생각이 들었다.

그럴수록 50km를 완주했던 기억을 떠올렸다. 이 대회보다 5배나 먼 거리를 어떻게든 완주했으니까 이번에도 충분히 할 수 있다고 혼잣말을 되뇌었다. 그리고 이 중 단 1명이라도 나를 통해 환경에 관심을 두게 된다면 그것만으로도 큰 수확이라고 생각했다. 총 세 그룹 중 나는 중간에 속했다. 선두 그룹이 출발한 후 10분쯤 여유를 두고 우리 그룹도 출발했다. 사회자의 안내에 따라 "미세 먼지 제로!"라는 구호를 힘차게 외치며 다 함께 달려 나갔다.

처음에는 무리하지 않고 천천히 내 호흡을 유지하며 뛰었다. 쓰레기는 초반부터 주우면 너무 힘들 것 같아서 반환점을 돌고 나서 줍기로 했다. 텀블러는 조금 무거웠지만 충분히 견딜 만했고, 이 모든 것을 잊게 할 만큼 날씨가 좋았다. 울창한 가로수 사이로 햇살이 드문드문 반짝였고, 가을을 머금은 서늘한 공기는 청량했다. 차가 한 대도 없는 양화대교를 뛰어서 건넌 것도 그때가 처음이었다. 사람들의 거친 호흡, 서로 사진을 찍으며 외치는 환호, 그 사이로 들려오는 발자국 소리가 어우러져 묘한 감동을 자아냈다. '이런 맛으로 러닝을 하는건가?' 처음으로 이런 생각이 들었다. 물론 반환점을 돌고 얼마 못 가서 이런 생각은 한강 경치와 함께 사라져 버렸지만 말이다.

5km 지점을 지나면서 조금씩 페이스를 올렸다. 손에 묶어 두었던 쓰레기봉투를 풀어 눈에 보이는 쓰레기도 줍기 시작했다. 페트병부터 물티슈, 종이컵까지 매번 보던 쓰레기들은 어디에나 있었다. 조금씩 힘들어지려는 찰나 음수대가 등장했다. 진행 요원들이 미리 음료수를 따라 두고 선수들이 최대한 신속하게 마실 수 있도록 도왔다. 음료가 담긴 일회용 컵이 잠시나마 아쉬운 순간이었다. 선수들이 잠시 목을 축이는 동안 나도 들고 있던 텀블러의 물을 마시며 달렸다.

골인 지점을 1~2km 앞두고 텀블러 든 손이 무거워지기 시작했다. 그리고 점차 쓰레기를 줍는 반경도 줄었다. 호흡과 페이스를 유지해야 하는데 무릎을 굽히고 허리를 숙여 쓰레기를 줍는 순간 호흡이 엉망이 되었다. 솔직히 눈앞에 보이는 쓰레기를 몇 개 지나치기도 했다. 산악 마라톤은 계단이나 오르막은 걷고, 평지나 내리막은 뛰고, 잠깐 쉬고 싶으면 쉴 수 있었다. 그렇게 중간에 다리를 쉬어야 오히려 완주하는 데 유리하고, 그 사이에 잠깐씩 음식도 섭취할 수 있었다. 그런데 평지에서 하는 마라톤은 한 번 쉬면 페이스가 무너져 계속 뛰기가 어려웠다. 동일한 호흡과 페이스를 계속 유지해야 원하는 기록에 맞추어 완주가 가능했다.

마지막 500m 정도는 거의 쓰레기를 줍지 못했다. 그래도 안간힘을 다해 하나씩 주울 때마다 "오, 쓰레기 주우면서 뛰나 봐" 하는 관심 어린 목소리도 들렸고, 최소한 50km 때처럼 무릎이 너무 아프거나 하지 않아서 훨씬 무난하게 결승선을 통과할 수 있었다.

55분 43초. 나의 10km 마라톤 공식 기록이 처음으로 생겼다. 목표를 달성했다고 혼자 좋아하고 있는데, 나보다 월등히 우수한 성적으로 들어온 사람들이 엄청나게 많았다. 심지어 40분대를 뛰는 여성 참가자들도 이렇게 많다니! 나는 차마 기록을 인증하기도 부끄러워서 슬며시 자리를 떠났다. 맨몸으로 달렸더라도 50분 이내를 뛰는 건 쉽지 않았을 것이다. 약 12km/h로 50분을 뛰어야 하는데, 나는 러닝 머신을 그 속도로 놓고 뛰어 본 적도 없었다. 그제야 저들이 얼마나 열심히 운동하고 연습했을지 느껴졌다. 직접 해 보니 모든 일에는 노력이 숨어 있다는 것을 오롯이 깨달을 수 있었다. 그들이 내게 멋있어 보이는 것처럼 그들에게도 환경 활동이 멋지게 느껴지는 때가 오면 좋겠다.

겉핥기로라도 마라톤의 맛을 보니 나중에 내가 참여한 방식으로 친환경 달리기 대회를 열어 보면 어떨까 하는 생각도 들었다. 힘들면 좀 걸어도 좋고, 처음부터 끝까지 친환경 방식으로 쓰레기 하나도 만들어 내지 않는 대회를 열어 보면 좋겠다는 새로운 목표가 생겼다. 나중에 내가 돈을 많이 벌거나 큰 단체를 만든다면 꼭 이런 대회를 열어 보고 싶다. 가족끼리 연인끼리 즐겁게 참여할 만한 진짜 친환경 대회로 진행해야지 싶다.

만약 누군가 이 책을 읽을 때 이런 대회가 열린다면 내가 먼저 기획했다는 걸 꼭 기억해 주면 좋겠다. 이왕이면 참가도 해서 충분히 지구를 아끼면서 달릴 수 있다는 걸 경험하면 좋겠다. 환경 활동과 달리기는 내 인생의 많은 부분을 바꾸어 주었으니, 이렇게 좋은 건 많은 사람과 나누고 싶다.

대회가 끝난 뒤에는 아쉬웠던 부분을 운영진에게 글로 남겼다. 친환경이라는 단어에 실린 진정성과 무게감을 좀 더 깊이 고민하며 행사를 진행해 달라고 요청했고, 나라를 대표하는 기업으로 이런 멋진 문화를 만드는 데 앞장서 달라고 부탁했다. 글을 남기고 얼마 지나지 않아서 답변이 왔다. 다행히 내 요청을 매우 긍정적으로 받아들였고, 앞으로는 환경을 최우선으로 생각하며 사소한 부분까지 신경 써서 운영하겠다는 내용이 쓰여 있었다. 시민의 의견에 바로 공감하고 답해 주는 모습이 고마웠고, 내년에도 꼭 이 대회에 다시 참여하겠다고 마음먹었다(정말 아쉽게도 다음 해에는 코로나19 때문에 언택트로 진행되는 바람에 어떻게 개선되었는지 직접 확인할 기회를 놓쳤다).

만약 나중에 어디선가 텀블러를 들고 쓰레기를 주우면서 달리는 대회가 열린다면 분명히 기억해 주면 좋겠다. 수천 명이 모인 대회에서 기꺼이 목소리를 내고 친환경 의사를 밝힌 몇 사람의 노력이 세상

지구 닦는 황 대리

을 바꾸고 있다는 것을 말이다. 그리고 여러분도 꼭 그 몇 사람이 되면 좋겠다.

쓰레기 덕분에 이룬 강연의 꿈

환경을 생각하며 활동하는 날이 늘어가면서 집 안의 많은 제품이 제법 친환경적으로 바뀌었다. 욕실에는 대나무 칫솔과 고체 치약·비누·샴푸가 액체 플라스틱 용기를 대체했다. 주방에도 미세 플라스틱이 나오는 아크릴 수세미 대신 천연 수세미가 자리 잡았고, 밀랍으로 만든 다회용 랩이 일회용 비닐 랩을 훌륭하게 대체했다. 거실에서 물티슈가 사라졌고, 어떤 물건이 고장 나면 새로 사기 전에 꼭 필요한 제품인지 다시 한번 고민해 보는 습관도 생겼다.

외출하는 습관도 많이 변했다. 텀블러와 손수건은 늘 액세서리처럼 들고 다니는 필수 아이템이 되었고, 장을 볼 때 지갑 하나만 들고 다니던 버릇은 장바구니와 용기까지 들고 다니는 습관으로 바뀌었다. 가방은 조금씩 무거워졌지만 뿌듯함은 커졌고, 실제로 이런 생활에 적응하니 플라스틱을 쓰는 것이 더 어색해졌다. 최소한 텀블러를 들고 다니면 물은 목이 마를 때마다 쉽게 마실 수 있으니까 말이다.

쓰레기를 줍는 일이 더 익숙해진 건 당연했다. 퇴근하거나 외출했다가 돌아올 때 매번 쓰레기를 들고 집에 들어오는 내 귀가 룩을 보며 아내는 체념을 넘어서 긍정적으로 받아들이기 시작했다. 다시는 원래

퇴근할 때면 두 손 가득 쓰레기를 들고 귀가하곤 한다

대로 바뀌지 않을 것처럼 보였나 보다.

　내가 아내와 결혼하기를 정말 잘했다고 생각한 적이 두 번 있다. 신혼여행 직후 나 혼자 유럽 여행을 보내 주었을 때와 같이 쓰레기를 주워 주었을 때이다. 캔, 페트병, 일반 쓰레기, 나중에는 담배꽁초까지 주워 오는 나를 보며 아내는 외면하기보다는 동참해 주었다. 같이 신혼집 주변을 오리걸음으로 걸으며 꽁초를 주울 때 아내에게 너무 고

지구 닦는 황 대리

쓰레기를 주우며 살이 빠진 덕분에 사보 모델 사진이 제법 잘 나왔다

맙기도 하고 미안하기도 했다. 물론 항상 그 자리에 버려진 꽁초를 보면서 쌈닭의 본능이 치고 올라오긴 했지만 말이다(담배꽁초에 대한 분노는 나중에 내가 만든 와이퍼스 활동에 큰 영향을 준다).

환경과 관련해 나름대로 인증과 견해를 꾸준히 게시하다 보니 재미있는 변화가 일어나기 시작했다. 가장 놀란 것은 강연과 인터뷰 요청이었다. 먼저 회사 사보팀에서 내 활동을 취재하고 싶다고 했다. 결혼 이후 처음으로 메이크업을 받고 사보 표지 모델까지 하는 영광을 얻었다. 또 내가 환경과 관련해서 정말 많은 정보를 얻었던 《쓸SSSSL》이라는 환경 매거진에서 내 이야기를 다루고 싶다는 연락도 왔다. 내가 보고 공부하던 입문서에 내가 소개되다니 유명 작가가 교과서에 자기 작품이 실리면 이런 기분일까? 《쓸》에서는 '나와 지구를 위한 띔

박질'이라는 제목으로 내 이야기를 실었다.

이 중에서 가장 좋았던 것은 연세대학교에서 온 특강 요청이었다. 학생 진로 관련 프로그램으로 특강 요청이 왔는데, 인생을 주체적으로 변화시켜 살고 있는 내 이야기를 학생들에게 들려주고 싶다는 것이었다. 이 순간을 잊을 수 없다. 학생 때 잠시 강단에 서는 교수를 꿈꿨을 만큼 남들 앞에서 발표하는 것을 좋아했는데, 쓰레기 덕분에 이렇게 소원을 이룬 것이다. 점점 내 삶이 기대하지도 않았던 방향으로 변해 가기 시작했다.

코로나19 상황에도 20명 가까운 학생이 모였다. 쓰레기를 줍게 된 계기와 50km와 10km 마라톤을 쓰레기를 주우며 완주하고 느꼈던 성취감, 눈앞에서 쓰레기를 줍고 있는데도 그 옆에 꽁초를 버리고 황급히 자리를 뜨는 사람들에 대한 에피소드 등을 얘기했다. 다행히 학생들은 내 이야기를 흥미롭게 들어주었고, 적극적으로 질문도 했다. 특히 퀴즈를 내고 미리 준비해 간 대나무 칫솔을 선물로 줄 때는 내가 유재석이라도 된 듯한 기분 좋은 착각에 빠질 정도였다.

이런 살아 있다는 느낌은 실로 오랜만에 느껴 보는 것이었다. 어느덧 직장 생활 9년 차, 하루하루 반복되는 일상 속에서 까맣게 잊고 있었던 감정이었다. 한겨울 꽉 막힌 방의 창문을 확 열어젖힌 것처럼 피부의 돌기 하나하나가 모두 돋아나며 정신이 번쩍 들었다. 거북이를 보면서 느낀 미안함과 라이언 히크먼을 보면서 느낀 부끄러움 모두 내게 진정성이라는 선물을 주었고, 그로써 이런 자리에 잠시나마 설 수 있었다.

강단에 서고 싶었던 꿈을 이뤄 준 연세대학교 특강 모습

책을 쓰는 이 순간까지 정말 운 좋게도 나는 KBS와 EBS를 비롯한 방송, 신문과 라디오까지 총 40회가 넘게 소개되었고, 열 번이 넘는 강연 요청을 받았다. 어찌 보면 지금 글을 쓰는 것도 하나의 큰 인터뷰이다. 내 행동에 부끄러움을 느껴 쓰레기를 줍기 시작했을 뿐인데, 그 덕분에 평소 좋아하던 그런 인플루언서 타일러 라쉬와 줄리안도 알게 되었고, 평소에 존경하던 환경 분야 활동가나 작가와도 인연을 맺게 되었다. 이것도 개인이 환경에 관심을 가질 만한 한 가지 이유가 되지 않을까?

이제 혼자가 아니야.
지구 닦는 사람들, '와이퍼스'

"저도 쓰레기 줍고 싶은데 너무 부끄러워서 혼자 못하겠어요."

개인 SNS에 플로깅하는 게시물을 올리면 주변에서 몇 분이 이런 댓글을 달아 주셨다. 나는 얼굴 철판이 다소 두꺼운 편이라 남의 시선을 크게 신경 쓰지 않는다. 아무데서나 누워서 잘 자고, 혼자서 밥도 잘 먹고, 쓰레기를 주워야 한다면 줍는다. 하지만 모두 나 같지 않다는 사실을 놓치고 있었다. 내게는 게시물을 아기자기하게 잘 정리해서 올리는 게 어려운 일이었고, 그들에게는 직접 밖으로 나가 남의 시선을 신경 쓰지 않고 행동하는 게 어려운 일이었다. 어떤 게시물에서 제로 웨이스트 실천을 초급·중급·고급을 나누어 놓았는데, '직접 쓰레기를 줍는 활동을 해 본다'는 항목은 고급에 속해 있었다. 다른 일보다 하기 쉬워서 먼저 시작한 활동이 나름 상급에 해당하는 것이었다.

나는 이렇게 행동으로 옮기기 어려워하는 분들과 함께하려고 와이퍼스라는 모임을 시작했다. 정말 소박했고 조금 심하게 말하면 초라하기까지 했다. 아무런 체계도 계획도 없이 조금이나마 돕고 싶다는 마음 하나로 모임을 만든 것이다. 다른 사람의 시선을 한 번 받을 때 내가 두 번 응원하면 용기를 낼 수 있지 않을까? 그렇게 회원이 늘어나 나 같은 사람이 전국적으로 많아지면 그 영향력이 퍼져 나갈 거라고 생각했다. 그래서 그런지 와이퍼스의 오픈 채팅방은 어떤 단톡방보다도 따뜻하다. 응원과 격려의 말이 오가기 때문이다.

모임을 어떻게 만들지에 대해서도 고민과 걱정이 많았다. 직장인인 내가 모임의 장을 맡아서 잘 이끌 수 있을까? 좋은 뜻으로 모인 사람들에게 도움이 되기는커녕 상처를 주는 건 아닐까? 이런 걱정 속에서 시작할지 말지 고민이 꼬리에 꼬리를 물고 이어질 때 환경 활동을 하며 만난 후배들이 이렇게 말했다.

"일단 부딪치고 보는 게 형 스타일 아닌가요?"

와이퍼스가 기획한 '퐁초 어택' 때 회원들과 함께한 모습

그렇다. 나는 똥인지 된장인지 판단하려고 일단 먹어 보는 성격이다. 이런 고민을 할 시간에 빨리 작게라도 모임을 만들어 진심으로 환경을 생각하는 사람들을 돕고 응원하는 게 맞다는 결심이 섰다. 그렇게 '지구 닦는 사람들, 와이퍼스'라는 카카오톡 오픈 채팅방과 인스타그램 계정이 생겼다. 나와 아내 그리고 나를 응원하는 친한 동생들까지 4명이 첫 가입자였다. 그리고 약 1년 반이 지난 지금 오픈 채팅방 회원은 500명이 넘고 팔로어는 3,000명이 넘는다. 만약 계속 미루고 망설였다면 지금의 와이퍼스는 없었을 것이다. 역시 찍어 먹어 봐야만 된장인지 똥인지 알 수 있다.

와이퍼스는 '닦는 사람Wiper'과 '지구Earth'의 합성어로 '지구 닦는 사람들'이라는 뜻이다. 쓰레기를 줍는 활동을 중심으로 업사이클링 체험이나 나무 심기, 무포장 가게 방문 등 다양한 친환경 활동을 하고 있다. 각종 환경 정보를 공유하고 의견을 나누며 누군가의 인증에 진심으로 감탄하고 응원해 준다. 또 플로깅하면서 가장 많이 보는 쓰레기인 담배꽁초를 주워 손 편지와 함께 제조사로 보내 기업의 사회적 책임을 묻는 활동에도 앞장서고 있다. 무엇보다 환경에 진심인 사람들의 에너지가 더해져 서로 격려하며 지구를 닦고 있다.

그리고 무엇보다 '행동'을 중요하게 생각한다. 해 보지도 않고 걱정만 하는 것보다 쓰레기를 하나라도 주워 보았는지, 용기를 들고 나가서 장을 보거나 포장을 했는지에 큰 의미를 부여하고 첫 인증에는 더욱 최선을 다해 응원하고 격려한다. 쓰레기를 한 번이라도 주워 봐야 왜 이 쓰레기가 여기 있으며, 이를 만들지 않으려면 어떻게 해야 하는지 고민할 수 있다. 용기를 들고 가서 장을 보는 것도 마찬가지다. 한 번이라도 용기를 내 봐야 유통 산업에 퍼져 있는 포장 문제를 진심으로 고민하게 된다. 직접 겪어 보지 않은 고민은 추상적일 뿐이다.

나는 지구를 '닦'는 와이퍼스의 모임의 '장'이라고 해서 '닦장'이라고 불리고, 함께 지구를 닦는 구성원은 '닦원'이라고 불린다. 닦원의 이야기만 해도 책 몇 권이 나올 것이다. 1년 동안 그들은 많은 에너지와 사랑과 열정과 헌신을 보여 주었다. 그래서 나는 와이퍼스가 국내에서 가장 순수한 에너지를 가진 환경 모임이라고 자부한다.

집에서 팥 앙금을 만들었다고 부산에서 서울로 보내 준 닦원, 급하게 헌혈 증서가 필요하다고 요청하자 순식간에 필요 수량을 모아 준 닦원, 쟁반과 은그릇을 통째로 들고 가서 국수를 포장해 오는 닦원,

손주들을 위해 매일 쓰레기를 줍는 어르신 닦원, 와이퍼스를 위해 혼자 코딩을 배워 게임을 개발 중인 고등학생 닦원, 기부 행사를 한다니까 저금통을 깨서 무려 10만 원이라는 큰돈을 기부한 일곱 살 닦원, 이벤트에 당첨되면 택배 쓰레기를 줄이기 위해 직접 대중교통으로 닦장이 있는 곳까지 와서 상품을 수령하는 닦원 등 일일이 말할 수 없을 만큼 대단하고 고마운 사람들이다.

특히 나는 와이퍼스에서 비의 요정이라는 별명으로 불릴 만큼 맑던 하늘도 순식간에 먹구름으로 가득 채우는 묘한 능력을 지니고 있다. 인천으로 바닷가 플로깅을 갔을 때 20명 가까운 사람이 서울과 경기에서 카풀을 해서 모였다. 왕복 3시간에 이르는 먼 거리인데도 정말 많은 닦원이 참여해서 감동했는데, 내가 도착하자마자 기가 막히게 비가 내리기 시작했다.

내가 허둥대자 비의 요정은 신이 났는지 바람 요정까지 불러와 비바람을 몰아치기 시작했다. 비를 피할 곳을 겨우 알아보고 왔을 때 사람들은 좁은 오두막에 옹기종기 모여 비를 피하고 있었다. 아홉 살 초등학생부터 40대 어른들까지 비에 쫄딱 젖지 않은 사람이 한 명도 없었다. 그럼에도 아무도 화를 내지 않았다. 심지어 플로깅이 끝나면 결혼식에 간다며 풀 메이크업을 하고 온 여성 닦원도 화를 내기는커녕 오히려 환히 웃으며 어쩔 수 없지 않느냐고 격려했다.

멀리 충주에 갔을 때는 폭설이 쏟아졌고, 1주년 행사 때는 거짓말처럼 맑음, 흐림, 소나기, 우박까지 겪었지만 닦원들은 모두 웃으며 그 상황을 즐겼다. 와이퍼스는 내가 응원하고 동참을 이끌어 내겠다

비바람이 몰아쳤던 인천 바닷가 플로깅

고 만들었으나 어느새 내가 더 많은 응원과 에너지를 받는 모임이 되었다.

와이퍼스는 비영리 사단 법인 등록을 준비하고 있다. 그리고 조금 더 시야를 넓혀 소외 계층 아이들과 함께 지구를 닦을 계획이다. 와이퍼스는 아이들에게 기부와 후원으로 마음을 전하고, 아이들은 와이퍼스와 함께 지구를 닦으며 사회에 보답할 것이다. 만 18세가 넘어 보육원을 떠나는 친구들은 자연스럽게 와이퍼스 안에서 연결되어 안정감을 찾도록 하는 것이 10년짜리 목표이다.

처음 쓰레기를 줍던 날 생각지도 못하던 일들을 와이퍼스에서 이루고 있다. 이것이 선한 행동이 주는 에너지이며, 서로 같은 지점을

지구 닦는 황 대리

바라보며 나아가는 사람들이 함께할 때 나오는 시너지라고 생각한다. 나는 35년 동안 환경에 관심 없이 살아왔으니 앞으로 최소한 35년은 지구를 닦을 예정이다. 내 간절한 꿈은 만 70세에 '칠순 플로깅'을 하고 환경 활동을 하면서 만난 사람들과 다 함께 안부를 묻는 일이다. 와이퍼스라는 테두리 안에서 닦원들과 함께 늙어 가고 싶다.

 와이퍼스에 들어오는 법?

카카오톡 오픈 채팅방과 인스타그램에 '와이퍼스' 또는 'wiperth_official'를 검색하면 된다. 지구 모양의 거북이 등딱지 로고가 보일 것이다. 일단 들어오시라. 닦장과 닦원이 바로 손을 흔들며 인사할 것이다. 관심을 갖고 첫 행동을 하는 순간 여러분도 와이퍼스의 당당한 닦원이 된다. 사람 사는 정을 느끼기 어려워지는 팍팍한 세상에서 환경 활동을 매개로 사람 냄새를 느끼며 치유할 수 있기 바란다!

와이퍼스 로고

지금 당장 쓰레기를 주워야 하는 지극히 이기적인 세 가지 이유

다시 한번 말하지만 나는 프로 환경 운동가가 아니라 직장인이다.

주말이면 드러누워 쉬고 싶어 하고 월요병을 앓으며 월급을 좋아하고 집안일이 귀찮은 평범한 사람이다. 치맥과 농구를 좋아하고, 영화나 예능을 보며 뒹구는 것을 행복이라고 생각한다(지금은 여기서 '치킨'을 많이 줄였다).

이런 평범한 내가 환경 활동을 지속하는 가장 큰 이유는 지구가 아닌 나 때문이다. 많은 사람이 환경과 관련된 활동을 한다고 하면 세속의 욕심을 내려놓고 지구와 생태계를 위해 헌신하는 부처나 간디 같은 사람으로 취급한다. 여기에는 비아냥이 약간 섞여 있기도 하다. 하지만 나 역시 로또와 청약 당첨을 꿈꾸며 나중에 아이가 생기면 경제적으로 안정감 있게 키우고 싶은 사람이다.

1부를 마무리하면서 환경 활동이 주는 지극히 개인적인 이득을 이야기해 보고자 한다. 속물처럼 보일 수 있어도 내 생각에 환경 활동을 지속하게 해 주는 가장 중요한 대목이다. 돈을 좋아하거나 다이어트나 건강에 관심이 있거나 정서적 안정을 얻고 싶다면 이 부분만이라도 꼭 읽으면 좋겠다. 솔직히 나 혼자만 알고 싶은 내용이지만 다 함께 실천해서 마스크를 쓰고 다니지 않아도 되는 세상을 만들기 위해 공유한다.

모인다, 돈이 모인다!

첫 번째 이기적인 이유는 '돈'이다. 현대 사회에서 돈이 주는 영향력만큼 대단한 것이 있을까? 돈이 되면 무엇이라도 하는 이 시대에 환경 활동은 분명히 개인에게 경제적 이득이 된다. 그것도 꽤 많이 말이다.

일단 이 이유를 설명하려면 친환경과 제로 웨이스트에 대해 조금 깊게 고민해 볼 필요가 있다. 많은 사람이 친환경 마크가 붙은 제품은 일반 제품보다 비싸기 때문에 비용이 많이 든다고 오해한다. 개별 품목만 따져 보면 그럴 수 있다. 아무래도 친환경 제품은 원료부터 포장까지 대량 생산이나 자동화에서 벗어나 조금 더 신경 쓰기 때문에 일반 제품보다 단가가 높을 수밖에 없다. 그런데 조금 싸다거나 1+1 등의 이벤트에 넘어가 식재료나 세제, 의류 등을 마구 구매했다가 못 먹고 버리거나 마음에 안 든다고 버린 경험도 분명히 있지 않은가?

친환경과 제로 웨이스트는 단순한 물품을 지칭하는 것이 아니라 구매하기 전에 많이 고민하고, 필요 없는 것을 거절하고, 혹시 썼으면 잘 버리려고 노력하는 가치관을 의미한다. 예전에 '아나바다'라는 운동이 있었던 것처럼 '아껴 쓰고, 나눠 쓰고, 바꿔 쓰고, 다시 쓰는' 생활 습관이 중요하다. 요즘은 '아나바다'를 실천하는 데 도움이 되는 사이트나 앱이 있으니 얼마나 편리한가! 어렵게 사고 어렵게 버려야 한다. '일회용'이라는 단어가 붙었거나 쉽게 버려지는 제품은 아무리 좋아도 친환경일 수 없다.

우리 부부는 흥이 많다. 거북이의 비명을 듣기 전까지 우리는 오늘만 사는 사람처럼 즐기며 살았다. 나는 쇼핑에는 별로 관심이 없지만 먹는 데는 돈을 아끼지 않았고, 아내는 3만~5만 원짜리 소소한 물건을 하루에 몇 개씩 사기도 했다. 칼퇴 했으니까 치맥, 화요일이니까 숯불갈비, 수요일이니까 스테이크 등 내 월급은 언제나 다 써 버렸다. 쇼핑에는 열리지 않는 내 지갑은 유독 음식점 포스기 앞에서는 자동문처럼 착착 잘도 열렸다. 그렇게 집에 오면 아내가 주문한 택배가 문앞에 쌓여 있었다. 결혼 첫해 우리 부부의 카드 사용 내역은 연봉이나 다름 없었고, 그렇게 열심히 소비하며 꾸준히 행복을 쌓아 왔다.

이렇게 소비하게 된 데는 나름대로 이유가 있었다. 나는 이름 있는 아파트에서 살다가 아버지가 사업에 실패하면서 밑바닥까지 떨어져 얼떨결에 가장이 되었다. 아버지 사업이 망했을 때 동생은 고등학생이었고, 어머니는 전업주부였다. 4년 넘게 가장으로 가족을 부양하다가 1,000만 원 조금 넘는 돈으로 양가 도움 없이 결혼했다. 입사 후 뒤늦게 느껴 보는 경제적 독립에 잠시라도 남부럽지 않게 소비해 보고 싶었다. 우리 부부의 사춘기 같은 소비는 그렇게 지속되었다.

그러다 쓰레기를 주우며 환경 문제를 인식하게 되면서 삶의 방식을 재편하기 시작했다. 그리고 2020년 6월 처음으로 제대로 된 저축을 시작했다. 1년 정도 제로 웨이스트를 하면서 식습관과 소비 패턴이 바뀌자 거짓말처럼 돈이 모이기 시작했다. 육식이 환경에 끼치는 악영향을 알게 되면서 고기와 동물성 지방이 많은 음식은 식탁에 올리지 않았다. 이것만으로도 월 100만 원 정도가 줄었다. 하루에 3만 원만 덜 먹으면 100만 원이 된다는 걸 35년 만에 깨달았다. 한우 반 근은 3만 원이지만 참나물 반 근에 국산 두부 한 모는 5,000원이다. 심지어 이걸로 두 끼를 먹는다. 아내는 익숙하던 패스트 패션을 던지고 중고 거래로 갈아타며 소비 총량을 서서히 줄여 나갔다.

매월 50만 원 정도 저축하던 예전과 달리 월평균 200만 원 정도 더 저축할 여유가 생겼다. 습관만 바꿨을 뿐인데 새로 만든 적금 통장 잔고가 10개월 만에 2,000만 원으로 불어났다. 2,000만 원을 찍은 기념으로 장모님의 30년이 넘은 냉장고를 바꿔 드리며 이렇게 생각했다.

'아, 조금만 더 빨리 쓰레기 주울걸.'

빠진다, 살이 빠진다!

입사한 지 9년. 20대에 입사할 때 73kg이었던 몸무게가 쌓이는 연차와 연륜과 함께 점차 불었다. 특히 사무실로 인사 이동을 한 뒤 몸무게가 점점 늘어나고 뱃살이 붙는 것 같더니, 30대 중반으로 접어든 후엔 83kg까지 불어났다. 30~31인치를 입고 제법 맵시도 나던 바지는 34인치까지 늘어났고, 어느 순간 사람들이 "훤칠하네"라는 말 대신 "좋아 보인다, 행복한가 보네"라는 묘한 말을 하기 시작했다. 옷은 매번 몸을 지탱하느라 가쁜 숨을 몰아쉬는 것 같았고, 몸이 점점 무거워지고 컨디션도 안 좋아지는 게 느껴졌다. 게다가 10년째 앓고 있던 중증 만성 궤양성 대장염도 계속 악화되어 과식하거나 술을 조금만 마셔도 변기에 내내 앉아 있어야 하는 신세가 되었다.

내 성장기를 먼저 말하자면, 나는 고기를 사랑하고 피자와 햄버거 같은 인스턴트를 고향 음식처럼 아끼며 밀가루를 비롯한 탄수화물에 중독되어 있었다. 과체중을 넘어 소아 비만이었다. 초등학교 때까지 반에서 뚱뚱한 애에 항상 뽑혔으며, 어깨 위로는 살이 찌지 않았지만 배부터 엉덩이와 허벅지까지 이어지는 아찔한 항아리 몸매를 자랑했다. 아홉 살 때 어머니가 어린이날이라고 집 근처 고깃집에 데리고 갔는데, 둘이 7인분을 먹는 걸 보고 고깃집 사장님이 감탄하며 2인분을 더 주었던 기억이 있다. 중학교 1학년 때는 명동교자라는 식당에서 사리를 여섯 번 리필했다가 일곱 번째에 알바생 누나가 화를 내서 먹지 못하고 나왔던 슬픈 기억도 있다. 스무 살 넘어서도 여동생과 맥도날드 햄버거 10개와 감자튀김 4개를 주문해 하나도 남기지 않고 먹어치워 먹방 꿈나무를 해야 하는 게 아닌가 하는 생각도 했다.

20대엔 운동으로 겨우 유지되던 체중이 30대가 되니 슬슬 다시 늘기 시작했다. 84kg과 34인치로 고점을 경신하던 중에 환경 활동을 시작한 것이 얼마나 다행인지 모른다. 아니면 지금 책을 쓰는 대신 양복점에서 서른일곱이 된 기념으로 37인치 바지를 고르고 있을 수도 있다. 외려 작아서 못 입게 된 바지를 다시 입을 수 있게 되었으니 얼마나 다행인가?

앞에서 친환경은 제품이 아닌 습관이라고 했다. 식재료는 버리지 않을 만큼 장을 보는 습관을 들였고 되도록 일주일에 절반 정도는 고기 없는 식탁을 유지하려고 애썼다. 고기가 없어도 두부, 콩, 호박, 가지, 버섯 등 음식을 맛있게 즐길 만한 식재료는 충분히 있었다. 탕수육 대신에 가지튀김, 햄버거 대신에 식물성 패티 버거, 선지 해장국 대신에 토마토 채수 해장국 등 의외로 충분히 맛있는 음식을 다양하게 섭취하는 게 가능했다. 고기를 못 먹는다고 세상이 멸망하는 게 아니었다. 외려 널린 고기 간판들 사이에서 나만의 비건 식당을 찾아 들어갈 때의 뿌듯함이란 겪어 보지 않은 사람들은 절대로 모를 것이다 (고기가 환경 오염과 기후 위기에 미치는 영향과 공장식 축산에 대해서는 2부에서 다룬다).

이렇게 바꿔 가는 식습관에 쓰레기를 줍는 활동도 보태니 특별히 다이어트를 하지 않아도 살이 건강하게 빠졌다. 4개월 만에 무려 12kg 정도가 요요 없이 빠졌으며, 최근에는 운동을 많이 하지 못하는데도 10kg 정도 빠진 몸무게를 유지하고 있다. 이렇게 살을 빼고 나니 비싼 돈을 내고 PT를 받으며 먹기 싫은 닭가슴살을 억지로 먹는 다이어터들이 안타까워 보였다. 불쌍한 닭을 저렇게 과하게 섭취하지 않아도 건강하게 살을 빼는 방법이 분명히 있는데 말이다. 닭은 대체 전생에 무슨 죄를 지어서 이런 가혹한 삶을 살고 있나 싶다(비건 지향 식습관과 건강에 대한 내용은 3부에서 다룬다).

살이 빠지기 전과 후의 모습을 비교하는 것은 나에게 환경 활동을 유지하는 촉매제가 된다. 단순히 몸무게만 줄어서 좋은 것이 아니라 살이 빠지니 못 입던 옷도 다시 입을 수 있게 되었다. 맞는 옷이 없어서 한여름에도 땀을 뻘뻘 흘리며 겨울 정장을 입어야 했던 서러움이 한 방에 씻겨 나갔다. 살이 쪄서 하복 정장 엉덩이가 터져 버린 웃지 못할 사건으로 여름에도 겨울 정장을 입고 다닌 것이다. 새 옷을 사는 것보다 수백 배 기분 좋은 경험이었다. 환경에 관심을 갖고 소소하게 실천하고 활동했을 뿐인데 PT 금액과 정장 몇 벌을 아낀 셈이다.

이런 다이어트는 외형뿐만 아니라 장기의 건강 역시 챙겨 주었다. 나는 군대에서 중증 만성 궤양성 대장염이라는 지독한 병을 얻어 나왔다. 용산 미군 부대에서 카투사 헌병으로 근무했는데, 2교대 야간 근무 내내 컵라면을 몇 개월 동안 먹은 결과였다. 배에 가스가 차서 화장실에 가도 변이 나오지 않는 고통이 심해지더니 어느 날 변기가 시뻘겋게 되어 있었다. 처음에는 치질을 의심하며 병원에서 진찰받았는데 진단은 궤양성 대장염이었다. 게다가 국가에서 지정한 산정 특례에 들 만큼 중증이라서 매일 항문에 좌약을 넣어야 하는 불편함을 감내하며 살았다. 암으로 번질 확률 또한 높아서 실비 보험에도 가입하지 못한다.

10년 동안 한 달에 한두 번은 꼭 혈변을 누었다. 괜찮은가 싶다가 조금이라도 잘못 먹거나 회식하면서 술을 마셨을 때 또는 별다른 이유도 없는데 휴지에 선혈이 묻어나올 때마다 '암으로 발전하면 어떡하지' 하고 걱정했다. 친척 중 암으로 돌아가신 분이 있고, 우리나라가 전 세계에서 대장암 발병률 1위라는 것도 나를 더 걱정하게 만들었다. '그중 1명이 내가 되면 어쩌지?'라는 불안감이 항상 내 마음에 머물렀다.

그런데 식단을 바꾸고 6개월 넘게 혈변을 보지 않았다. 가끔 술을 한잔해도 이전만큼 다음 날 장에 타격이 가지 않는 것 같았다. 최근 대장 내시경 결과를 본 의사가 이제 약을 줄이거나 나중에는 끊는 것도 고민해 보자고 했다. 일반인의 대장과 크게 차이가 없다면서 말이다. 거짓말 같았다. 10년 넘게 고생한 병이 이렇게 쉽게 호전되다니. 환경을 생각하는 습관은 결국 지구를 챙기기 전에 나의 겉과 속을 건강하게 만드는 행동이라는 것을 또 한 번 뼈저리게 느끼는 순간이었다. 병원을 나오면서 이런 생각이 들었다.

'아, 조금만 더 빨리 쓰레기 주울걸.'

얻는다, 힐링과 인연!

내가 30대 중반을 넘어섰기 때문인지 아니면 요즘 세상 분위기 때문인지는 모르겠지만 최근 유독 삶이 팍팍하다는 말을 많이 듣는다. 어디를 가도 대화는 매번 깔때기처럼 부동산과 주식 이야기로 빠지고, '누가 어디에 뭘 얻었다더라, 뭘 샀다더라' 하는 남과 비교하는 이야기가 주를 이룬다. 20대는 모두 취업 준비에 정신이 없고, 학생들은 코로나19 때문에 학교에 가지도 못하며 등록금을 낸다. 노인은 젊은이를 나무라고 젊은이는 노인을 무시한다. 남녀가 서로 싸우고 여자들은 남자 친구와 데이트 폭력 없이 헤어지는 '안전 이별' 운운하는 시대가 되었다.

이런 시대에 우습게도 "우리 언제 만나서 쓰레기나 주웁시다" 또는 "다음에 나무나 같이 심으러 갑시다"라는 소리를 하는 모임이 있다. 바로 내가 만든 모임, 와이퍼스다. 우리 활동에 처음 참여하는 분들에게 느낀 점을 물으면 따뜻했다는 답변이 가장 많다. 물론 담배꽁초나 쓰레기 때문에 분노가 가득 찼다는 분들도 있다. 하지만 공통적으로 사람에게 따뜻함을 느끼고 간다는 말은 꼭 한다. 처음 온 사람에게 살갑게 말을 걸어주는 것, 선물을 받았는데 집에 있는 거라며 멀리서 온 참여자에게 양보하는 것, 별것 아닌 농담에도 웃어 주는 것, 나보다 남을 먼저 챙기려는 배려와 온기가 넘치는 것이 와이퍼스에서는 당연하다. 이렇게 우리는 요즘 정말 느끼기 힘든 사람 냄새를 맡고 정서적 안정을 얻는다. 진정한 힐링은 이런 거라고 생각한다.

내게는 진심으로 삶에 대해 고민한 순간이 두 번 있었다. 첫 번째는 아버지 사업 실패로 한순간 집이 어려워졌을 때다. 막 취업해서 돈을 벌기 시작했는데, 월급을 모두 집에 내놓아도 적자라서 학생 때부터 부은 적금을 깨야 했다. 계속 이렇게 사는 게 맞는 건지 고민한 순간이었다. 두 번째는 아내가 직장 내 괴롭힘으로 정신적 쇼크를 받았던 때이다. 아내는 진료하는 의사에게 달려들 정도로 극도로 예민한 상태였고, 나는 옆에서 아무런 힘이 될 수 없었다. 아내 상태는 상담과 치료로 조금씩 호전되었지만 그 트라우마는 아내는 물론 나에게도 깊게 남아 있었다.

그러다가 시작한 환경 활동은 아내에게 정서적 안정을 주는 데 엄청난 역할을 했다. 혼이 날까 봐, 괴롭힘을 당할까 봐 항상 상대를 경계하며 깊은 인연을 만들지 못하던 아내에게 선한 활동을 매개로 이어진 사람과 교류하는 것이 사람에 대한 두려움을 없애 주는 처방이 되었다. 하나를 주면 둘을 돌려주려는 사람들에게 아내는 다시 자기 마음을 내주는 것을 망설이지 않게 되었고, 와이퍼스 안에서도 닭장 부인이라는 호칭과 함께 많은 사람의 사랑을 받았다. 여기서 아내를 아껴 주는 닭원들에게 다시 감사 인사를 올리고 싶다. 닭원들 덕분에 아내와 나는 그 어느 때보다 행복한 일상을 즐기고 있다.

나는 이런 정서적 안정과 더불어 회사에서 느끼는 매너리즘을 새

지구 닦는 황 대리

로운 인연으로 풀고 있다. 새로운 닦원과 만나는 일도 항상 설레지만 환경 활동을 하면서 많은 기업, 기관, 단체의 대표들을 알게 되었다. 이 중 와이퍼스 취지를 응원하며 묻지도 따지지도 않고 물품을 후원해 주는 분들이 있다. 이런 따뜻한 마음 덕분에 와이퍼스 활동이 더 풍성해지고 환경 활동의 트렌드까지 배우게 되어 내게는 1석 3조이다.

내가 쓰레기를 외면하고 줍지 않았다면 이분들을 만나기는 어려웠을 것이다. 최근에는 누구나 이름을 들어봤을 만한 기업에서 파트너십을 제안하며 와이퍼스로 연락을 한다. 대부분 선한 목적의 활동에 함께하기를 원하는데, 이런 감격스러운 제안을 받을 때마다 생각한다.

'아, 조금만 더 빨리 쓰레기 주울걸'

나는 '똑똑한 이기심'을 가지라고 말하고 싶다. 지금 우리가 추구하는 생활 패턴은 '무분별한 이기심'에서 비롯된 것이다. 최근의 가장 대표적인 예를 코로나19 사태에서 볼 수 있다. 기후 위기로 전염병이 생겨 나니 그것을 막기 위해 일회용 마스크를 미친 듯이 소비해야 하는 이 아이러니라니! 미세 먼지가 더 심해져 물안경이나 방독면을 쓰고 다녀야 한다면? 기후 위기가 심각해져 내가 살고 있는 바닷가 집이 매년 물에 잠겨 집값이 폭락한다면? 바다에서 잡을 수 있는 해산물이 씨가 마른다면? 미세 플라스틱 때문에 생수를 사 먹지 못하게 된다면? 그때는 이미 늦다. 그리고 가장 큰 피해는 평범한 개인에게 돌아온다. 사실 지구는 그 뒤의 문제이다. 지구는 이미 몇 차례 대멸종 시대를 거쳤지만 지금까지 버티고 있지 않은가? 따라서 우리는 자신을 위해 합리적으로 이기적으로 행동해야 한다. 우리는 돈을 먹고살 수는 없으며, 달이나 화성이 아닌 지구에서 살아야 한다. 부동산의 움직임은 매일 들여다보면서 우리가 사는 지구의 모습은 왜 살피지 않는가? 나부터 '똑똑한 이기심'을 부려 보자. 가장 먼저 이득을 보는 사람은 다름 아닌 나일 것이며, 지구는 보너스로 깨끗해질 것이다.

2부

우리가
잘 모를 수도 있는
눈높이
환경 이야기

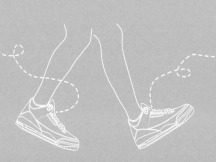

기후 위기의 가속 페달, 미세 플라스틱

환경에 관심을 두게 된 이후 가장 궁금했던 건 쓰레기, 미세 플라스틱, 탄소 배출, 기후 위기 같은 문제가 어떻게 서로 연결되어 있으며, 이에 대한 바른 접근법은 무엇인지였다. 나의 스승 라이언 히크먼이 바닷가에서 플라스틱을 줍는 것은 직관적이라 이해가 되는데, 대체 스웨덴의 소녀 그레타 툰베리를 비롯한 수백만 명의 학생들은 왜 매주 학교까지 빠져 가면서 기후 위기를 막아 달라고 소리치는 것일까?

지금부터는 다양한 환경 문제에 관심을 두고 활동하면서 직접 보고 느낀 것과 책이나 다큐멘터리에서 배운 것들을 내가 이해한 선에서 쉽게 설명해 보려고 한다. 다시 한번 말하지만, 나는 환경 문제 전문가가 아니며 앞으로 30년 동안 꾸준히 환경에 관심을 갖고 행동할 환경 꿈나무이다. 같이 환경을 배워 간다는 관점에서 공감하고 이해하면 좋겠다.

미세 플라스틱은 우리에게 되돌아온다

거북이 코에 플라스틱 빨대가 낀 영상을 보고 환경 활동을 시작한 만큼 플라스틱 쓰레기 문제는 처음 환경에 관심을 갖게 된 사람들이 다루기 좋은 분야이다. 우리 일상과 연결되어 있고 자연에 버려진 플라스틱 쓰레기로 발생하는 미세 플라스틱 문제 역시 직관적으로 이해하기 쉽다.

미세 플라스틱은 우리가 사용하는 각종 플라스틱이 닳거나 잘게 쪼개져 작게 된 플라스틱 조각을 의미한다. 흔히 크기 5mm 이하 플라스틱 조각을 미세 플라스틱이라고 정의하며, 우리 생활 전반에서 만들어진다. 코로나19 이후 급증한 배달 용기부터 일회용 테이크아웃 컵, 칫솔, 빨대, 물티슈, 티백, 담배꽁초 필터 심지어 빨래할 때 의류에서도 플라스틱이 만들어진다. 지금은 사용이 금지되었지만 예전에 세안용 클렌징 폼이나 치약에도 알갱이 같은 비즈를 많이 넣었는데 이것이 모두 미세 플라스틱이었다고 보면 된다.

그럼 미세 플라스틱은 어떤 경로를 거쳐 우리에게 되돌아올까? 우리가 무심코 버린 쓰레기는 하천과 강을 거쳐 바다로 간다. 우리가 잠깐 쓰고 버린 테이크아웃 컵, 캠핑 가서 깜빡 놓고 온 칫솔, 물티슈, 빨대, 하수구에 버린 담배꽁초가 결국 바다로 유입되어 작은 조각으로 쪼개져 미세 플라스틱이 된 후 해양 생물을 통해 우리 식탁으로 돌아온다. 옷이나 타이어에서 떨어져 나온 아주 작은 미세 플라스틱은 공기 중을 떠다니다 호흡기로 들어올 수 있다.

미세 플라스틱	기후 위기
• 직관적, 가시적 • 각 개체에 영향을 줌 　(건강, 질병 등) • 개인의 생활 습관에 따라 　편차가 발생함 • 일회용 제품과 같은 　쓰레기 문제와 관련 있음	• 복합적, 비가시적 • 종 전체의 서식 환경 및 　인류 멸종과 직결됨 • 전 인류에 동일한 영향을 줌 　(자본에 따라 피해 정도가 다름) • 식습관, 소비 습관 등 　인류 생활 전반과 관련 있음

미세 플라스틱과 기후 위기가 인류에 미치는 영향

　인간이 만들어 낸 환경 문제지만 실제로 인간보다 야생 동물에게 더 큰 타격을 주는 것이 플라스틱이다. 제주도에서 방류한 바다거북이 11일 만에 각종 비닐과 플라스틱 쓰레기를 먹고 사체로 발견된 이야기나 하와이에서 멀지 않은 곳에 한반도 6~7배 크기의 쓰레기 섬이 있다는 말은 한 번쯤 들어 봤을 것이다. 플라스틱을 먹이로 착각한 어미 새가 새끼에게 열심히 플라스틱을 먹였고, 이를 받아 먹은 새들이 죽어 가는 가슴 아픈 이야기를 다룬 다큐멘터리 〈알바트로스〉도 꼭 보길 추천한다. 실제로 플로깅하면서 그물에 걸려 있거나 플라스틱과 함께 살아가는 바다 생물을 볼 때가 있다.

　미세 플라스틱은 전 인류에게 공통적으로 영향을 미치지만 아무래도 개인 생활 습관에 따른 차이가 있다. 갑각류나 어패류를 즐겨 먹고 페트병에 든 생수를 사서 마시는 사람이 비건 식단을 하고 필터를 이용해 물을 마시는 사람보다 미세 플라스틱 섭취량이 많을 것이다. 이미 우리는 매주 신용카드 한 장 분량의 미세 플라스틱을 먹고 있다. 2020년 12월 이탈리아의 한 병원에서 발표한 연구 결과에 따르면 산모 태반에서도 플라스틱이 발견되었다고 한다. 바야흐로 사람이 플라스틱과 함께 태어나는 시대가 된 것이다.

하지만 이것이 건강에 어떤 문제를 일으키는지는 개인이 알기 어렵다. 플라스틱 천국인 현대 사회에서 어떤 기업이 감히 자기들에게 돈을 벌어 주는 상품의 위험성을 조사할까? 이는 언젠가 큰 문제가 생겨야만 알게 될 것이다. 가습기 살균제 사건 등에서 우리가 알 수 있듯이 누군가 죽거나 큰 문제가 무더기로 발생해야만 조사가 시작될 것이다. 그리고 그 피해자가 누가 될지는 아무도 모른다. 요즘은 코로나19로 배달·테이크아웃 관련 플라스틱 사용량이 엄청나게 늘었다. 인체에 무해한 플라스틱을 쓴다고 하지만 정말 인체에 무해한지는 아무도 알 수 없다. 폴리프로필렌PP 재질은 안전하다고 하지만 엄밀히 말해 '아직까지는 무해한' 것일 수도 있으니 되도록 플라스틱을 사용하지 않아야 한다.

그나마 미세 플라스틱은 플라스틱 소비와 직접 연결되므로 우리가 플라스틱 사용량을 줄인다면 우리 입으로 되돌아오는 것도 줄일 수 있다. 물론 당장 줄여도 이미 수십 년 동안 배출한 플라스틱이 20~30년간 계속 되돌아오겠지만 최소한 아이들이 지금 우리 나이가 되었을 때는 미세 플라스틱 걱정은 덜 할 수 있지 않을까? 내가 중학교 때 처음 황사라는 말을 들었고 10년 전부터는 미세 먼지라는 말이 쓰이더니 이제는 미세 플라스틱이라는 말이 많이 사용되고 있다. 아이들을 정말 사랑한다면 플라스틱, 특히 일회용 플라스틱과는 영영 이별하자.

기후 위기는 지구에 존재하는 모든 생명체의 삶에 직접 영향을 준다. 인류 기준으로 보았을 때 미세 플라스틱은 그나마 건강에 악영향을 끼치는 정도지만 기후 위기는 인류 전체의 생존 여부를 결정하는 문제이다. 지구의 평균 기온이 일정 수준 이상 오르면 지구의 모든 인류에게 치명적인 영향을 미치는데도, 복합적 요소가 섞여 있고 플라스틱 문제처럼 직관적이지 않아 간과하고 지나가기 쉽다. 일주일에 하루나 이틀 정도는 날씨가 좋으니 그냥 괜찮은가 보다 생각하기 쉽고, 폭우나 폭설이 내려도 며칠 있으면 괜찮아지니까 그런가 보다 하고 넘어가는 것이다. 하지만 사실 기후 위기는 인류 생존에 너무 큰 영향을 미친다.

결론부터 말하면 지구의 평균 온도가 6℃ 오르면 지구상의 인류 95% 이상은 없어진다. 컴퓨터가 과부하가 걸리면 재부팅하듯 지구도 임계점에 다다르면 리셋 버튼을 눌러 인류와 생명체를 모두 없애고 회복기를 거친 후 새로운 종을 맞을 것이다. 지구와 자연은 과학적인 산출 값에 따라 움직이기 때문에 기분에 따라 자비를 베풀거나 봐주거나 하는 것이 없다. 온도가 오른 만큼 그에 따른 영향이 바로 드러난다.

기후 위기는 단순히 기온만 오르는 것이 아니라 복합적인 문제들을 만들어 낸다. 빙하가 녹으면 해수면이 오르고, 해수면이 오르면 해안 지역은 장마와 태풍이 올 때마다 지금보다 심각한 물난리를 겪을 것이다. 온도에 예민한 해양 생물은 서식지를 옮기거나 떼죽음을 당할 테고, 이를 기반으로 먹고사는 어민들의 생업 역시 위태로워질 것이다. 호주와 미국에서 발생한 것 같은 초대형 산불이 일어나는 빈도는 늘어날 테고, 이례적인 한파, 폭설, 폭우는 더 심각하게 우리를 괴롭힐 것이다. 환경 단체 그린피스에서 비영리 연구 기관 클라이밋 센트럴Climate Central에 요청한 연구 자료를 기반으로 한 발표에 따르면, "지구 온난화에 따른 해수면 상승과 이상 기후 현상으로 2030년까지 우리나라 국토의 5% 이상이 물에 잠기고 332만 명이 직접 침수 피해를 볼 것으로 예상된다"고 한다. 코로나19로 2021년 12월까지 발생한 확진 환자가 60만 명이 되지 않는 것을 고려했을 때, 얼마나 많은 사람에게 기후 위기의 영향이 미칠지 고민해 보면 좋겠다. 미세 플라스틱처럼 개개인의 건강이 아닌 전체의 생존과 다방면으로 연결되어 있다고 말하는 이유가 바로 이것이다.

그럼 지금 우리가 살고 있는 지구는 어떤 상황일까? 미국 항공 우주국NASA의 관측 기록에 따르면, 2020년 육지와 해상의 평균 온도는 1880년부터 1900년까지와 비교했을 때 1.2℃가량 상승하였다. 문제는 이 상승 속도가 심각하게 빨라지고 있다는 것이다. 100년이 넘는 동안 1℃가 올랐을 뿐인데 웬 호들갑이냐고 할 수도 있다. 하지만 문제는 변화의 속도에 있다. 고등학교 때 수학 시간에 배운 지수 함수

1℃ 상승	2℃ 상승
북극곰이 멸종 위기에 처한다 산호 70%가 죽는다 태평양 섬나라에 난민이 발생한다 태풍의 영향권이 확대된다	마실 물이 부족해진다 지중해 국가가 사막화된다 해수면이 상승되어 해안 도시가 잠긴다 생물종의 1/3이 멸종된다
3℃ 상승	4℃ 상승
아마존이 사라진다 적도 국가에 지속적인 산불이 발생한다 산불로 땅과 나무에 있는 탄소가 대량 배출된다	뉴욕이 물에 잠긴다 호주에서 농업이 불가능해진다 전 지구에 식량이 부족해진다 인류 문명과 사회 구조가 붕괴된다
5℃ 상승	6℃ 상승
인간이 거주할 땅이 사라진다 생존을 위해 전쟁이 일어난다 쓰나미가 지속적으로 발생한다 해저 메탄가스가 대기로 방출된다	인류가 멸종된다 생물종의 95%가 멸종된다

지구의 평균 온도 상승에 따른 생태계 변화

의 그래프를 떠올려 보자. x축은 1씩 커지는데 y축의 값이 2배, 4배, 8배씩 커진다. 이처럼 지구의 평균 온도도 기하급수적으로 오르고 있다. 1만 년 동안 지구의 평균 온도는 4℃ 올랐다. 하지만 최근 100년 동안 1℃ 이상 올랐다. 1℃가 오르는 데 걸리는 시간이 2,500년에서 100년으로 25배나 빨라졌다. 그래서 우리는 지금 최소 700년 뒤 걱정해야 할 위기를 20~30년 뒤 걱정해야 하는 상황이 된 것이다. 당연히 이 위기 안에는 전염병도 포함된다. 코로나19는 100년쯤 뒤 상황일 수도 있었다.

그러면 지구의 평균 온도가 오를 때마다 우리는 어떠한 위기를 겪게 될까? 내가 좋아하는 타일러 라쉬가 쓴 《두 번째 지구는 없다》에 따르면 1℃가 상승하면 북극의 얼음이 녹는 속도가 빨라져 북극곰이 멸종 위기에 놓이며(이미 이 상황이다), 2℃가 올라가면 그린란드 전체가 녹아 마이애미와 맨해튼이 바다에 잠기고, 열사병으로 사망하는 환자가 수십만 명으로 늘어난다. 3℃가 오르면 지구의 폐라고 하는 아마존이 사라지고, 4℃가 오르면 해수면이 상승해 뉴욕이 물에 잠긴다. 5℃ 이상 오르면 거주 가능한 지역이 얼마 남지 않고 생존을 위한 전쟁이 시작된다. 6℃까지 오르면 생물의 95%가 멸종한다. 이때 인간도 멸종한다고 보면 되는데, 살아남더라도 차라리 죽는 게 낫다고 생각할 만큼 처참한 환경일 것이다.

사실 체감이 되지 않을 수도 있지만 2020년 여름 폭우와 겨울의 폭설을 생각하면 충분히 공감이 되지 않는가? 해운대에 위치한 나의 직장 계열사인 한 호텔도 창립 이래 처음으로 여름에 로비까지 빗물이 밀려 들어 왔다고 한다. 게다가 서울에 사는 사람들은 그해 겨울에 갑작스러운 폭설로 아수라장이 되었던 교통 상황을 기억할 것이다. 직장 동료들도 그날 정시 퇴근을 했지만 자정이 다 되어서야 집에 도착했다고 한다.

이처럼 기후 위기의 징조는 너무나 명확하게 나타나는데도 우리는 이를 외면하거나 쉽게 망각한다. 여기에 하나만 더 추가하면 지금 겪고 있는 코로나19와 기후 위기도 관계가 많다. 빙하와 만년설이 녹아 내리면서 그 속에 숨어 있던 각종 병원균이 세상으로 나온다. 게다가 인간은 도로나 공항을 만들거나 숲을 개간하는 등 자연의 영역을 건드

지구 닦는 황 대리

려 병원균에 자주 노출될 수밖에 없는 것이 현실이다. 1만 년 동안 녹지 않던 빙하가 녹기 시작했다는 것은 1만 년 동안 경험해 보지 못한 질병을 우리가 겪을 수 있다는 것을 뜻한다. 또 가축에게 먹일 사료를 만들려고 개간하다 보니 탄소를 흡수해 줄 숲이 사라져 지구의 평균 온도는 계속 오를 수밖에 없다. 여기에 탄소를 담는 가장 거대한 그릇인 산호초를 비롯한 해양 생물 역시 엄청난 속도로 줄고 있다. 결국 우리가 누리고 즐기는 모든 것이 여러 방면에서 우리를 제2, 제3의 코로나19로 몰고 가는 것이다.

기후 위기와 관련해서 한국환경연구원KEI에서 2020년에 발표한 설문 조사 결과가 있다. 기후 변화 하면 떠오르는 이미지를 묻는 질문에 이상 기후로 인한 피해, 지구의 평균 온도 상승, 해수면 상승이라는 답변이 1, 2, 3위를 차지했다. 하지만 2년 정도 환경에 관심을 갖고 활동해 온 나에게는 해수면 상승, 생물 다양성 감소, 감염병 유행이 더 큰 이슈로 다가온다. 심지어 코로나19로 이렇게 힘든 시기를 보내면서도 기후 위기와 감염병을 연결하지 못하는 것이 아쉽다. 기후 위기는 '아이고, 올 여름도 덥겠네' 정도의 문제가 아니라 생태계 전반은 물론 인류의 생사를 쥐고 흔들 만한 이슈라는 사실에 우리는 좀 더 민감해져야 한다. 그래도 2019년에 비해 감염병 유행이라고 답변한 사람들이 4.2%에서 13.8%로 증가한 것은 고무적이다.

이런 기후 위기는 자본에 의한 양극화로 인해 소외된 국가와 개인에게 더 심각하게 작용할 것이다. 집에 에어컨이 없는 사람들에게 이제 여름 더위는 그저 잠시 견디고 지나갈 날씨가 아니라 생존을 위해 발버둥쳐야 하는 잔혹한 날씨가 될 것이다. 방글라데시처럼 소득이 높지 않은 해안 국가는 이미 그 피해를 더 심하게 보고 있다. 2020년 방글라데시는 10년 만의 최악의 홍수로 국토의 3분의 1이 물에 잠겼다. 한반도의 3분의 1이 물에 잠겨 서울·경기·강원 이남으로 모두 물에 잠겼다고 상상해 보자. 정말 아찔한 일이 아닌가? 실제로 방글라데시는 기후 위기에 크게 영향을 주는 국가가 아님에도 지리적·경제적 문제 때문에 전 국민이 가장 먼저 피해를 본 것이다. 호주에서는 이런 피난민이 호주로 밀려들 것을 걱정하여 전시 체제에 준하는 피난민 대응 방안을 모색하고 있다. 그것도 환경부가 아닌 안보부에서 말이다. 이렇듯 전 세계는 기후 위기가 자국에 미칠 직간접적인 영향을 예측하며 긴밀하게 대응을 준비하고 있다.

우리가 절대 잊지 말아야 할 것은 이미 6℃의 멸종은 시작되었다는 사실이다. 해가 가장 뜨거운 시간은 12시지만 기온이 가장 높은 때는 2~4시인 것처럼 1.5℃를 넘어서면 2℃까지는 필연적으로 올라갈 수밖에 없다고 한다. 지구라는 큰 배의 엔진을 끈다고 해도 배가 바로 멈추지 않는 것과 같다. 생물종 3분의 1이 멸종하고 해안 도시가 물에 잠기는 등 심각한 산불과 홍수가 더 빈번하게 발생하는 그 시기까지 고작 0.3℃가 남은 것이다. 그리고 과학자들은 이 지점이 약 7년에서 길게는 10년 남았다고 말한다.

그래서 1.5℃라는 단어가 최근 환경 관련 매체에서 많이 나온다. 설상가상으로 그 상승 속도는 더욱 빨라지고 있다. 우리는 모두 함께 망하는 절벽을 향해 끝없이 가속 페달을 밟고 있다. 그 와중에 내 한

지구 닦는 황 대리

몸만 아끼겠다고 악착같이 최고급 보호구를 차기 위해 서로 싸우는 것은 의미 없는 일이다. 이 가속 페달 대신 브레이크를 밟을 수 있는 개인별 올바른 실천법은 3부에서 다루겠다. 내 집과 내 가족과 30년 뒤 내 미래가 정말 소중하다면 꼭 읽고 동참했으면 좋겠다. 우리에게 지금 필요한 것은 걱정과 우려가 아니라 동참이며 실천이다.

악명 높은 기후 악당, 대한민국

산모 태반에서 미세 플라스틱이 발견되고 전 지구가 기후 위기라는 절벽을 향해 가속 페달을 밟는 상황에서 우리 현실은 어떠할까? 신속함, 편리함, 위생을 중시하고, 웰빙과 친환경에 관심이 높은 대한민국은 과연 전 세계에서 인정받을 만큼 탄소 중립을 위해 나아가고 있을까?

결론부터 얘기하면 대한민국은 전 세계적으로 악명 높은 기후 악당에 속한다. 미국이나 중국처럼 인구가 많지 않아 국가 전체가 미치는 영향은 크지 않을 수 있지만, 총인구로 나누었을 때 미치는 영향은 전 세계 상위 5위를 두고 다툴 정도다. 특히 2015년 기준 1인당 플라스틱 사용량에서는 우리나라가 전 세계 모든 국가를 제치고 1위에 선정되는 불명예도 안았다. 이 외에 다양한 관점에서 우리의 실태를 들여다보겠다.

지구 생태 용량 초과의 날

'지구 생태 용량 초과의 날'은 물, 공기, 토양 등 자원에 대한 인류의 수요가 지구의 생산 및 폐기물 흡수 능력을 초과하는 시점을 일컫는 말이다. 예를 들어, 지구는 1년치 예산으로 우리에게 100만 원이라는 자원을 주는데, 우리가 이 100만 원을 다 쓰는 날이 언제인지를 말한다. 10월 31일이라면 우리는 지구가 준 1년치 자원을 10개월 동안 쓰고, 남은 2개월은 미래 세대의 자원을 빌려서 사용한다고 보면 된다. 12월 31일이라면 우리는 지구에서 제공한 자원을 알뜰살뜰하게 1년 동안 맞춰 쓴 것이며, 최소한 지구에 부담을 주며 살지는 않는다고 보면 된다.

1970년대까지만 해도 인류는 지구 생태 용량을 초과하지 않았다고 한다. 하지만 2000년 무렵에는 10월 정도에 소진하고 미래 세대의 자원을 빌려 썼으며, 2019년에는 이 날짜가 7월 29일로 당겨졌다. 전 세계적으로 7개월 정도는 주어진 자원으로, 나머지 5개월 정도는 미래 세대의 자원을 그들의 동의도 받지 않고 빌려 쓰고 있다. 이는 전 세계인들이 지구가 약 1.75개는 되는 것처럼 쓴다는 뜻이고, 현재 상황이 지속 가능하지 않다는 것을 보여 준다. 그래서 스웨덴의 그레타 툰베리 같은 학생들이 학교도 빠지고 시위를 하는 것이다.

그렇다면 대한민국의 지구 생태 용량 초과의 날은 언제일까? 2019년 기준 무려 4월 10일이라고 한다. 지구에서 준 1년치 자원을 약 100일 만에 다 쓰고 나머지 260일 이상은 미래 세대의 자원을 빼앗아 쓰는

지구 닦는 황 대리

것이다. 말이 미래 세대의 자원이지 결국 20~30년 뒤 우리가 쓸 자원이기도 하다. 전 세계에서 지구가 1.75개는 되는 것처럼 사는 것만으로도 충격인데, 자랑스러운 대한민국은 지구가 무려 3.7개는 되는 것처럼 생활하고 있다. 전 세계 평균의 2배 이상 지구를 파괴하는 기후 악당 국가임이 분명하다. 우리나라 학생들이 기업에 반기를 들지 않고 학교를 다녀 주는 게 얼마나 감사하고 미안한 일인가!

한국의 이런 상황에는 여러 가지 이유가 있겠지만 내가 환경 활동을 하면서 느낀 문제에서 이를 찾아보고자 한다. 먼저 우리나라는 국토가 작고 제조업 중심 국가여서 탄소 배출을 비롯한 자원 소비가 클 수밖에 없다. 그럼에도 자원 소비를 줄일 수 있는 개인들의 작은 실천 방법들은 쉽게 찾을 수 있다. 다른 사람의 눈을 의식한 큰 차보다는 환경을 덜 오염시키는 실용적인 작은 차를 선택할 수도 있고, 편리한 일회용 테이크아웃 컵보다는 텀블러, 일회용 비닐보다는 장바구니를 들고 다님으로써 자발적 불편함에 매일 도전할 수도 있다. 정확한 분리배출 또한 실천할 수 있는 쉬운 방법이다. 그리고 함께 사용하는 공공장소의 훼손과 오염을 줄이는 것도 여기에 포함된다. '나쁜 공기는 집 밖으로 내보내니까 청정'이라는 코미디 같은 광고 카피는 집 밖으로 유해 공기가 나간다는 것에 광고주는 물론 소비자 역시 아무런 죄의식을 느끼지 않는다는 것을 여실히 보여 주는 작은 예다.

우리나라는 편의주의, 자본주의, 이기주의가 섞여 전 세계 평균의 2배 이상 지구를 오염시키는 국가가 되었다. 거리를 걷다 보면 하수구에 버려진 수많은 담배꽁초와 각종 생활 쓰레기가 보이지 않는 날이 없다. 대한민국 인구가 적어서 그나마 다행이라고 위안해야 할까?

단위 면적당 탄소 배출량, 독보적 1위

기후 위기나 환경에 관한 내용을 찾다 보면 세계에서 우리의 위치는 여전히 상위 10위 또는 하위 10위에 항상 이름을 올리고 있다. '적당히'라는 중도의 길을 걷는 것을 평생의 목표로 삼았던 아리스토텔레스가 지금 대한민국을 봤다면 뭐라고 했을지 궁금하다.

2018년 기준으로 한국의 총 탄소 배출량은 7.3억 톤으로 전 세계 7위에 해당한다. 1인당 이산화 탄소 배출량은 4위이다. 우리는 자주 중국을 비난하지만, 팩트를 살펴보면 중국은 우리나라보다 1인당 탄소 배출을 56%밖에 하지 않는다. 전 세계에서 감히 다른 국가들은 범접할 수 없을 만큼 우리나라가 독보적 1위를 차지하는 항목이 있는데, 바로 국가 단위 면적당 탄소 배출량이다. '1인당 이산화 탄소 배출량'을 집계한 자료에서 탄소 배출량을 국가 단위 면적으로 나누어 보았더니 우리나라의 면적당 탄소 배출량은 약 6,643ton/㎢이다. 이는 2위를 차지한 일본에 비해 2.3배, 중국에 비해 6.8배, 미국에 비해 13배나 높은 수치다.

그만큼 우리나라는 단위 면적당 인구 밀도가 높고, 제조업을 중심으로 하는 고밀도 탄소 배출 국가이다. 그러니 기후 위기에 취약할 수밖에 없고 폭우나 폭설, 홍수나 폭염의 위험에도 심각하게 노출되어 있다. 물론 전 세계에서 탄소를 가장 많이 배출하는 중국이 인접한 것

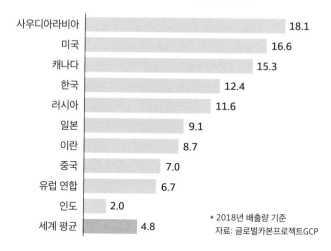

1인당 이산화 탄소 배출량 (단위=t)

국가	배출량
사우디아라비아	18.1
미국	16.6
캐나다	15.3
한국	12.4
러시아	11.6
일본	9.1
이란	8.7
중국	7.0
유럽 연합	6.7
인도	2.0
세계 평균	4.8

* 2018년 배출량 기준
자료: 글로벌카본프로젝트GCP

도 영향을 미치겠지만 우리나라 자체만으로도 충분히 심각한 상태라는 것을 알 수 있다. 아직도 지자체에 예산이 남으면 멀쩡한 땅을 파서 공항 만들고, 주차장을 확충하고, 도로를 확대하는 데만 쓸 것인가? 편의를 도모하는 것도 좋지만 현재 대한민국을 바라보는 전 세계의 시선은 이미 심각하다는 평가가 많다.

2018년 세계 각국의 비정부 기구 연합인 기후행동네트워크CAN를 포함해 3개 국제 환경 연구 기관에서 각국의 기후 관련 성적을 지표로 나타낸 '기후변화대응지수CCPI 2019'를 발표했다. 이 보고서는 전 세계 온실가스 배출량의 90%를 차지하는 56개국과 유럽 연합의 기후 관련 성적을 지표로 나타냈는데, 한국은 이 발표에서 전체 60위 중 57위로 평가되었다. 특히 온실가스 부분과 에너지 활용 부분에서 낮

국가별 탄소 배출량(2018년 자료 기준)

단위: ton, 명, km²

국가	총 탄소 배출량	순위	인구	1인당 탄소 배출량	순위	면적	면적당 탄소 배출량	순위	비고
중국	9,346,000,000	1	1,399,620,000	6.678	9	9,596,961	974	4	
미국	5,056,000,000	2	30,093,000	15.317	3	9,833,517	514	6	
인도	2,290,000,000	3	1,353,730,000	1.692	10	3,166,382	723	5	
러시아	1,674,000,000	4	146,793,744	11.404	5	17,098,246	98	9	
일본	1,067,000,000	5	126,150,000	8.458	7	377,973	2,823	2	
한국	730,000,000	6	51,851,427	12.864	4	100,410	6,643	1	
독일	726,000,000	7	83,073,100	8.739	6	357,022	2,033	3	
이란	615,000,000	8	82,878,200	7.421	8	1,648,195	373	7	
캐나다	582,000,000	9	36,954,000	15.749	2	9,984,670	58	10	
인도네시아	556,000,000	10	33,554,343	16.570	1	2,207,690	252	8	

출처: CO² Emissions from fuel Combustion | World Statistics on CO² Updated | Enerdata.

은 점수를 받았다.

한국은 1인당 온실가스 배출량과 1인당 에너지 사용량 모두 최고 수준을 기록했을 뿐만 아니라 두 지표가 줄기는커녕 꾸준히 늘고 있다. 그나마 재생 에너지 확산 속도가 빨라지는 것이 긍정적으로 반영되었다.

이 발표 자료는 결국 개인, 기업, 정부가 탄소 저감 행동을 전혀 하지 않는다는 것을 뜻한다. 만약 지금처럼 에어컨을 아무 문제의식 없이 사용해 지구 온난화를 더욱 악화시키면 나중에는 에어컨이 없는 사람들은 더위로 인해 생명의 위협을 느끼는 상황까지 올 것이다. 대한민국이 열대 기후로 바뀌는 데는 고작 20년 정도 걸렸다. 또 20년이 지난 2050년에는 무엇을 가지고 있어야 기후 위기에서 살아남을 수 있을까? 이제 우리는 기후 위기에서 살아남기 위해 돈을 벌어야 하는 시대로 가고 있다.

정말 돈이 많아서 언제든 스웨덴, 스위스, 핀란드 같은 환경 우수 도시로 떠날 수 있는 사람이라면 상관없을지 모르겠지만, 대부분의 사람들은 피할 수 없는 현실이다. 더욱이 아이를 이 땅에서 키우며 살아가야 하는 사람들에게는 눈앞에 닥친 위기다. 대한민국은 3면이 바다로 둘러싸인 지리적 특성상 기후 위기의 직격탄을 맞을 수 있다. 방글라데시에서 우기 때마다 도시가 잠기는 것처럼(심지어 방글라데시의 1인당 탄소 배출량은 0.53톤으로 대한민국의 23분의 1 수준이다) 언제든 우리도 기후 위기의 피해자가 될 수 있다는 사실을 잊으면 안 된다.

우리가 버린 재활용품, 진짜 재활용되나?

우리나라의 웃픈(?) 현실을 이야기하려고 한다. 환경과 관련해서 개인이 할 수 있는 일을 물으면, 분리배출이 항상 상위권에 올라온다. 흔히 혼동하는 용어 하나만 정리해 보자. 보통 분리수거라는 말을 많이 쓰는데 소비자가 '분리배출'을 하면 지자체에서 '분리수거'를 하는 것이다. 그래서 소비자는 분리배출을 하는 것이 맞다.

우리나라는 분리배출을 열심히 하는 나라로 전 세계적으로도 상위권이다. 하지만 분리수거해서 재활용하는 비율은 세계 하위권이다.

2020년 기준 우리나라 생활 쓰레기 재활용률은 59%이다. 선별장의 선별률은 50% 내외이므로 분리배출을 하면 반만 선별되고 반은 쓰레기로 버려진다고 보면 된다. 생각보다 재활용률이 낮기 때문에 질 좋은 폐기물을 해외에서 사오는 경우도 있다고 한다.

나는 여기에 두 가지 문제가 얽혀 있다고 본다. 첫 번째는 분리배출이 제대로 되지 않는 것이고, 두 번째는 제품이 분리배출하기 어렵게 만들어지는 것이다. 이 두 가지 문제 중 후자가 더 큰 문제라고 생각한다. 일본은 전 세계에서 플라스틱을 가장 많이 만드는 나라이지만 동시에 플라스틱 재활용률이 세계에서 가장 높은 나라이다. 많이 만들어 내지만 그만큼 재활용하기 쉽게 만든다는 뜻이다. 일본에서 가이드로 활동하던 전 직장 동료의 말에 따르면, 일본은 소비자가 쓰레기를 제대로 배출하지 않으면 지자체에서 수거하지 않는다고 한다. 그래서 소비자도 제대로 배출할 수밖에 없다.

반면 우리나라 포장 용기는 꼼꼼히 확인하지 않고는 무엇으로 만들어졌는지 알기 어렵다. 폭포수처럼 쓰레기가 밀려드는 선별장에서도 일일이 재질을 확인하고 선별할 여유가 없다. 이것이 먼저 제품 소재를 단일화해야 하는 이유이다. 그렇다고 기업만 탓할 수도 없다. 소비자가 제대로 세척하지 않거나 라벨 등을 분리하지 않고 대충 버리는 쓰레기도 엄청나게 많다. 라벨을 뜯지 않고 버린 페트병, 씻지 않고 버린 테이크아웃 컵, 내용물이 남아 있는 유리병, 테이프가 덕지덕지 붙은 박스까지 대부분의 쓰레기는 귀찮아서 우리가 아무 생각 없이 대충 버린 것들이다.

그럼 어떻게 해야 이런 문제를 해결할 수 있을까? 일단 기업은 소비자가 재활용하기 쉽게 제품을 만들어야 하고, 소비자는 이런 제품을 구매해서 잘 배출해야 한다. 다행히 재활용 등급제가 시행된 이후 많은 변화가 일어나고 있다. 마케팅을 위해 유색 페트병을 고집하던 음료 제조사들도 '재활용 어려움' 등급을 받기 싫어 바로 투명 페트로 교체했고, 아예 라벨 없는 페트 제품도 생산하고 있다. 국민의 요구가 있으니 정부가 움직이고, 정부가 움직이니 기업도 변하는 것이다. 이렇게 우리의 관심과 요청은 세상을 바꿀 수 있다.

재활용 등급제에 얽힌 재미있는 일화가 있다. 우리가 많이 쓰는 화장품은 용기가 대부분 재활용이 불가능한 품목이다. 'other'로 도배된 용기에 화장품을 담아 팔던 회사들이 모두 '재활용 어려움' 등급을 받게 되었으니 환경이 대세인 시대에 얼마나 겁이 났을까? 결국 화장품 업체들이 똘똘 뭉쳐 사정해서 화장품은 재활용 등급제에서 제외하기로 했다. 하지만 친환경 소비자들이 들고일어나 예쁜 쓰레기 370kg, 약 8,000개의 화장품 용기를 수거해 기업에 되돌려주는 어택을 진행했다. 결국 화장품 회사에만 적용하던 특혜는 취소되었다. 소비자의 적극적인 행동 덕분에 지구에서 살아갈 수 있는 새로운 길을 하나 더 얻게 된 셈이다.

하루라도 빨리 기업, 정부, 소비자 모두 좀 더 깨끗한 우리 미래를 위해 두 팔을 걷어붙이고 진심으로 노력했으면 좋겠다. 소비자의 노력보다도 기업과 정부의 좀 더 큰 규모의 노력이 절실히 필요하다. 올바로 분리배출하려는 소비자 1,000명의 노력보다 10개 기업의 변화가 훨씬 더 큰 효과를 내기 때문이다. 그래서 우리나라가 최소한 폐기물을 수입한다는 오명에서 벗어나는 날이 빨리 오기를 바란다.

 탄소 중립이란?

지구가 흡수하는 양만큼 이산화 탄소를 배출함으로써 대기 중으로 배출되는 실질적인 이산화 탄소 배출량을 '0zero'로 만든다는 개념이다. 즉 인간이 대기 중으로 배출하는 이산화 탄소의 양을 줄이고 흡수하는 양을 늘림으로써 대기 중 이산화 탄소의 농도가 증가하지 않는 상태로 만든다는 뜻이다. 탄소 중립을 실행하는 방안으로는 첫째, 이산화 탄소 배출량에 상응하는 만큼 숲을 조성하여 산소를 공급하거나 화석 연료를 대체할 수 있는 무공해 에너지인 태양열·풍력 에너지 등 재생 에너지 분야에 투자하는 방법, 둘째, 이산화 탄소 배출량에 상응하는 탄소 배출권을 구매하는 방법 등이 있다. 탄소 배출권(이산화탄소 등을 배출할 수 있는 권리)은 이산화 탄소 배출량을 돈으로 환산해 시장에서 거래할 수 있도록 한 것인데, 탄소 배출권을 구매하기 위해 지불한 돈은 삼림을 조성하는 등 이산화 탄소 흡수량을 늘리는 데 사용된다.

담배 제조사에 '꽁초 어택'을 날리다

"플로깅을 하다 보면 가장 많이 줍는 쓰레기는 무엇인가요?"

인터뷰를 할 때마다 단골로 나오는 질문이다. 이 질문에 대한 답은 한 번이라도 플로깅을 해 본 사람이라면 모두 같을 것이다. 그 악명 높은 이름은 바로 담배꽁초다! 1년 6개월 동안 1,000명이 넘는 와이퍼스 닦원이 전국에서 지구를 닦는 활동에 앞장섰지만 신기하게도 가장 많이 줍는 쓰레기를 물으면 모두 담배꽁초라고 대답했다. 처음 참여한 분들을 인터뷰해 보면 "담배꽁초가 이렇게 많을 줄 몰랐다"라는 답변이 가장 많다.

담배꽁초는 정말 신출귀몰하다. "금연 구역", "담배를 태우지 마세요"라고 표시된 곳에서도 많은 담배꽁초가 발견된다. 대체 단속을 하기는 하는 건가 의심스러울 지경이다. 주택가, 화단, 특히 번화가의 하수구를 들여다보면 '아, 여기가 재떨이인가 보다' 싶은 착각이 들 정도이다. 최근에는 코로나 때문에 흡연실이 많이 폐쇄되어 주거 지역 구석구석에서 담뱃불이 피어 오른다. 아예 대놓고 길거리를 걸으면서 담배를 피우는 흡연자도 많아졌다.

흔히 담배는 백해무익이라고 하지만 활동하면서 담배의 새로운 단점을 알게 되었다. 95% 이상의 담배에 셀룰로오스 아세테이트라는 플라스틱 재질로 만들어진 필터가 사용된다는 것이다(5%는 시가나 액상 담배!). 안 그래도 쓰레기 주울 때마다 담배꽁초 때문에 조깅은 엄두도 못 내고 바닥을 기어 다녀야 할 판인데, 이 담배꽁초가 플라스틱이라니! 필터를 분해하면 하얀 솜뭉치처럼 생긴 것이 나오는데, 바로 이 부분이 셀룰로오스 아세테이트이다. 10가지 종류가 넘는 담배꽁초를 직접 분해해 본 결과 모든 담배에는 셀룰로오스 아세테이트 필터가 들어 있었다.

버스 정류장이나 횡단보도, 주차장, 심지어 산이나 바닷가 같은 곳에도 플라스틱 필터의 흔적이 너무나 많다. 환경부 조사에 따르면 단 하루에 우리나라 길거리에 버려지는 담배꽁초가 무려 1,200만 개 이상이라고 한다(심지어 더 많다는 의견도 있다). 이렇게 버려진 담배꽁초가 우리나라에서만 해마다 바다로 8억 개 이상 흘러들어 가며, 미국 해양연구소에서도 해양 쓰레기의 3분의 1이 담배꽁초라는 의견을 냈다. 이렇게 바다로 간 담배꽁초는 10~12년 동안 분해되지 않으며, 결국 먹이사슬을 거쳐 우리에게 되돌아온다. 게다가 비가 오면 하수구에 버려진 담배꽁초가 배수로를 막거나 역류하는 문제를 일으키며, 서울시에서만 이런 빗물받이 청소에 해마다 30억 원이라는 혈세가 들어간다.

정부와 지자체에서는 담배 판매금에서 폐기물 부담금이나 세금을 얻고, 담배 제조사는 판매 수익을 얻고, 흡연자는 담배를 피워 만족을 얻으니 어찌 되었든 이들 세 부류는 담배로 이익을 얻는 집단이다. 하지만 이들 외에 큰 비중을 차지하는 사람들이 있다. 바로 나 같은 비흡연자들이다. 그들과 나의 차이는 그들은 이익을 얻는 반면, 나와 같은 비흡연자들은 불이익과 불편함을 감수해야 한다는 것이다. 나는 왜 길거리 담배 연기를 피해야 하고, 남들이 버린 담배꽁초로 인한 플라스틱을 먹어야 하는가? 필터만 문제인가? 담뱃재 역시 그대로 바다로 흘러가면 해양 생물에게 피해를 준다. 왜 비흡연자들은 이런 모든 문제를 참고 넘어가야 하는가?

아무리 생각해도 이건 부당했다. 이런 생각은 닦원들과도 일치했다. 그래서 우리 나름대로 직접 행동으로 이런 메시지를 전달해 보고

지구 닦는 황 대리

자 마음먹게 되었다. 2020년 6월, 와이퍼스는 담배꽁초와의 전쟁을 시작했다. 이름하여 꽁초 어택이다.

제조사에 책임을 묻다, 전국에서 모은 8만 개의 담배꽁초

꽁초 어택은 담배꽁초 무단 투기 문제를 해결하기 위해 와이퍼스에서 기획한 캠페인이다. 싱가포르처럼 담배꽁초를 버렸다고 벌금을 80만 원씩 물리자고 캠페인을 하는 것은 갈등을 불러올 수도 있고 반발도 예상되었다. 그래서 일단 가장 직접적이자 빠른 길을 택했다. 담배를 생산하는 제조사에 문의해서 함께 이 문제를 해결하기 위한 캠페인을 진행하는 것이다. 처음에는 회사에 담배꽁초까지 보낼 생각은 없었다. 나 역시 직장인이라 그들을 이해하고 배려하는 마음에서 최대한 친절하고 공손하게 와이퍼스를 소개하고 담배꽁초 문제를 해결하기 위해 같이 얘기를 나누고 싶다는 의견을 고객 문의에 남겼다.

한 달이 지나서야 관련 부서에서 관심이 있으면 연락을 주겠다는 모호한 답변이 왔다. 관심이 언제 생길 줄 알고 기다리라는 것일까? 이후로 또 두 달을 더 기다려 봤지만 아무런 연락을 받을 수 없었다. 마냥 기다릴 수 없어 기업에 이 문제가 지금 우리 주변에서 얼마나 심각한지 경각심을 느끼게 하기 위해 직접 담배꽁초를 주워 제조사로 보내는 꽁초 어택을 진행했다. 그리고 이 캠페인을 계기로 대한민국에서 담배꽁초 투기 문제를 해결하기 위해 앞장서는 시민 활동가가 되어 버렸다.

2020년 9월, 1차 꽁초 어택이 진행되었다. 꽁초만 보내면 너무 공격적으로 보일까 봐 정성스럽게 손 편지도 쓰고, 코로나 바이러스가 묻었을 수도 있으니 취급에 유의해 달라는 문구까지 적어 보냈다(제조사 직원들의 코로나 감염을 걱정할 만큼 와이퍼스에 모인 닦원들의 마음씨는 곱다). 코로나 시국에 담배꽁초를 보내는 게 맞느냐는 의견도 있었지만, 역으로 타액이 묻은 담배꽁초가 산으로 바다로 골목으로 돌아다니며 우리 생태계를 위협하니 최대한 안전하게 포장해서 우리 마음을 전하자는 쪽으로 최종 의견이 모아졌다. 이때만 해도 제조사에 믿음과 희망을 가지고 있었고, 최대한 예의를 차리며 서로 웃는 결과를 만들고 싶었다.

꽁초 어택은 코로나19 확산을 방지하기 위해 온·오프라인으로 진행했다. 오프라인 행사는 닦원 15명과 진행했는데 서울, 인천, 경기 등 다양한 지역에서 20~30대 청년들이 모였다. 심지어 참여하고 싶다고

꽁초 어택을 알리는 문구

밝힌 청년들도 코로나19로 오지 못하게 했을 만큼 길거리에 버려진 담배꽁초에 대한 분노 지수는 높았다. 와이퍼스 SNS를 통해 담배꽁초에 플라스틱이 포함되어 있다는 것을 알고 오게 되었다는 사람들도 있었고, 가만히 앉아 있는 것보다 뭐라도

지구 닦는 황 대리

꽁초 어택 때 모은 담배꽁초와 손 편지

해야겠다는 'Do Something'의 마음가짐으로 온 청년들도 많았다. 멀리서도 달려와 참여해 준 이들의 에너지를 잔뜩 받으며 행사를 진행할 수 있었다.

비를 몰고 다니는 닭장 때문에 이날도 비가 왔지만 사람들은 우산을 쓰고도 열심히 담배꽁초를 주웠다. 화단은 물론 빗물받이까지 들어내면서 현장에서 주운 담배꽁초만 4,000개. 불과 40분 동안 망원동 근처 1km를 걸으면서 주운 양이었다. 줍기가 끝난 후 다시 모여 손 편지와 롤링 페이퍼를 쓰며 이 간절한 외침이 부디 제조사에 닿기를 기도했다. 택배 박스에는 담배꽁초뿐만 아니라 그 자리에 모인 사람들의 마음이 담겨 있었다.

제조사에 보내는 메시지에는 다음과 같은 내용을 포함했다. 첫째, 담배꽁초에 플라스틱이 포함되어 있으며, 이것이 미세 플라스틱 문제를 만든다는 것을 국민에게 알릴 것. 둘째, 담배꽁초 필터를 플라스틱 소재가 아닌 분해 가능한 소재로 교체할 것. 셋째, 담배꽁초를 모아 오면 담배를 구매할 때 할인해 주는 리워드 시스템이나 이벤트를 기획할 것. 마지막으로 담배꽁초 수거기를 확대 설치하고 환경부나 지자체와 협의하여 수거에 책임을 다할 것.

이 외에 전국에서 25명이 이런 메시지와 함께 약 3,000개의 담배꽁초를 주워 제조사로 보냈다. 총 40명이 동참하여 7,000개의 담배꽁초를 보내는 것으로 와이퍼스의 1차 꽁초 어택은 끝이 났다. 그리고 이것으로 끝일 줄 알았다. 고생한 닦원들을 격려하고 답변을 손꼽아 기다렸다.

꽁초 어택은 비슷한 시기에 진행된 다른 어택에서 영감을 얻었다. 종이 팩 우유에 붙어 있는 빨대를 거부하는 빨대 어택과 스팸 뚜껑을 거부하는 뚜껑 반납 운동이었다. 모두 와이퍼스처럼 평범한 시민들이 온라인으로 추진한 캠페인이었다. 전자는 회사에서 정성이 담긴 손편지로 화답했고, 후자는 뚜껑을 반납한 소비자를 회사로 초대하여 현장에서 그들의 목소리를 듣고 일부 뚜껑을 없앤 명절 선물 세트를 출시하는 것으로 화답했다. 따뜻하고 즉각적인 행동이 돋보인 반응이었고, 이런 내용은 여러 매체에도 소개되어 적극적으로 목소리를 내는 친환경 소비자 그린 슈머green-sumer에 적극 대응한 것이라고 호평했다.

우리 역시 담배꽁초를 보낸 후 하루하루 연락을 기다렸다. 관심이 있으면 연락을 주겠다고 했는데, 이렇게 적극적으로 관심을 얻기 위해 노력했으니 이제 정말 평범한 시민들 이야기에 관심을 기울여 줄 거라는 기대에 잔뜩 부풀어 있었다. 편지가 올지, 초청을 할지, 갑자기 짠 하고 개발 중인 친환경 소재 필터를 공개할지 다들 목이 빠져라 연락을 기다렸다. 하지만 담배 제조사에서는 한 달이 지나도록 아무런 연락이 없었다. 뭔가 잘못되었다는 느낌이 들어 사전에 연락했던 담당자에게 연락했더니 우리가 보낸 택배를 받은 적이 없다고 했다. 나는 담당자에게 우리가 진행했던 활동 사진들과 영상, 손 편지 내용을 다시 한번 꼼꼼히 정리해서 보냈다. 유관 부서에 내용을 전달했다는 담당자 말을 믿고 또다시 기다림이 시작되었다.

하지만 결국 아무런 연락도 오지 않았다. 몇 차례 시도한 연락에도 홈페이지 고객 문의 게시판에 의견을 남기라는 말만 앵무새처럼 반복되었고, 그제야 '아, 우리가 귀찮은 사람 대접을 받고 있구나'라고 깨달았다. 셀룰로오스 아세테이트를 대체할 소재를 개발하고 있는지에 대한 문의에도 공개할 수 없다는 대답이 왔다. 심지어 확인하라고 전달받은 100페이지가 넘는 사회 공헌 리포트에 우리가 요청한 것에 대한 활동 내용은 없었다. 손 편지를 전달한 건 우리들인데, 대답은 언론을 통해 하겠다는 답변은 우리를 한없이 속상하게 만들었다.

처음에 나는 우리나라에 한 군데밖에 없는 담배 제조사의 다양한 공익 활동을 보면서 호의적인 마음을 갖고 있었다. 그래서 처음에는 사전 문의로, 두 번째는 사전 통화로 최대한 아무런 마찰 없이 긍정적으로 문제를 해결해 보고 싶었다. 사실 이후 여러 조사를 통해 제조사도 억울할 만한 사정이 있다는 것을 알게 되었다. 이 내용을 진실된 만남이나 대화로 설명했으면 2차, 3차 꽁초 어택은 없었을 수도 있다. 하지만 서운함에 시민 수백 명의 분노 지수는 이미 가득차버렸다.

와이퍼스는 2021년 4월 환경의 날을 맞아 2차 꽁초 어택을 진행했다. 약 7개월 동안 와이퍼스의 규모가 커진 만큼 관심을 갖는 사람들도 많아졌다. 특히 담배꽁초에 플라스틱이 포함되어 있음에도 1차 꽁초 어택에서 무시당한 닦원들은 전보다 더 열성적으로 참여했다. 2차 꽁초 어택은 전국적으로 80여 명이 동참하여 담배꽁초 2만 5,000개를 보냈다. 미취학 어린이부터 60대 어르신까지 정말 많은 닦원이 전국에서 담배꽁초를 모아 이번에는 제조사의 서울 사옥으로 보냈다. 그래도 여전히 답변은 없었다.

그사이에 나는 많은 매체에 출연하여 와이퍼스의 활동과 이에 대한 제조사의 반응을 알렸다. 구독자가 26만인 유튜브나 KBS 〈아침마당〉 등 공중파 방송이나 다른 책에서도 와이퍼스의 꽁초 어택을 소개하고 알렸다.

대망의 3차 꽁초 어택이 진행되었다. 이번에는 인원을 집계하기도 어려울 만큼 많은 사람들이 참여했고, 학교와 단체 등에서도 집단적으로 담배꽁초를 모아 보내 주었다. 특히 추석 무렵에 진행된 3차 꽁초 어택은 포장하기 위해 일단 우리 집으로 담배꽁초를 받았는데, 이게 큰 실수였다. 하루가 멀다 하고 우리 집 앞에는 꽁초를 담은 택배

1차 때보다 더 많은 사람이 참여한 2차 꽁초 어택

박스가 쌓여 갔다. 3주 동안 15개가 넘는 박스가 왔고, 각 박스에는 정성껏 주운 담배꽁초들이 가득 담겨 있었다. 자그마치 8만 개라는 엄청난 담배꽁초를 받고 이번에야말로 제조사가 반응할 수 있겠다는 확신이 들었다.

그리고 마침내 제조사 사회공헌부에서 연락이 왔다. 지금까지 보낸 의견과 담당 부서의 답변 내용과 더불어 자회사 KGC 인삼공사로 보

담배꽁초가 8만 개나 모인 3차 꽁초 어택

내온 담배꽁초와 서신 내용의 일체를 전달받았다는 내용이었다. 또한 필요할 경우 직접 만날 수 있도록 일정을 준비하겠다는 문구도 있었다. 드디어 해냈다는 환호를 질렀다. 1년이 넘는 동안 11만 개가 넘는 담배꽁초와 손 편지 수십 통, 열 번이 넘는 고객 문의를 남긴 끝에 드디어 답변을 받을 수 있었다. 그날 와이퍼스에 이 답변을 공유하면서 드디어 우리가 원하는 대화를 시작할 수 있다는 기대감에 부풀었다. 아마 이 책이 출간되는 시점에 이미 와이퍼스는 제조사와 이야기를 마치고 캠페인을 준비하고 있을지도 모르겠다. 어떤 방향으로든 사회의 친환경 경제에 도움이 되는 쪽으로 마무리되길 바란다.

정책 개선을 묻다, 환경부 장관에게 손 편지 쓰기

닦원들과 함께 꽁초 어택을 진행하면서 정책적 변화를 이끌어 내기 위한 캠페인도 벌이기로 했다. 무단 투기에 대한 단속 강화나 담배

지구 닦는 황 대리

꽁초 수거 인프라 구축, 빗물받이 교체 등 정책적으로 지자체와 해결해야 하는 부분도 분명히 있었다.

메시지를 보내는 방법에 대해서도 고민했다. 온라인 서명이나 청원은 와이퍼스의 성격과 다소 맞지 않는 것 같아서 직접 행동을 유도할 수 있는 방향이 좋을 듯했다. 그렇다고 다짜고짜 담배꽁초부터 보내면 당황스러울 테니 손 편지를 먼저 보내기로 결정했고, 그 대상은 환경부 장관으로 정했다.

그렇게 2021년 8월 한 달간 환경부 장관에게 손 편지 쓰기 캠페인이 열렸다. 꽁초 어택보다 급진적인 방법은 아니지만 새로운 곳과 소통을 시도하는 만큼 부드럽게 시작하고 싶었다. 처음에 제조사에 그랬듯이 말이다. 이 캠페인의 끝이 꽁초 어택으로 변할지는 누구도 알 수 없었지만 처음 담배 제조사에 문의를 남길 때처럼 희망이 싹트고 있었다.

손 편지에서 요청한 내용은 제조사에 요청했던 것과 비슷한 부분도 일부 있었다. 담배꽁초에 플라스틱이 들어 있다는 것은 제조사든 지자체든 어디서라도 국민에게 꼭 알려야 하는 정보였고, 꽁초를 주워 오면 리워드를 주는 것은 정책적으로 가능했기 때문이다. 캠페인을 시작하기 전 닦원들과 함께 고심하여 정리한 요청 사항은 네 가지였다.

첫째, 현재 서울의 강북구와 용산구에서 시행되고 있는 담배꽁초 수거 보상제를 전국으로 확대할 것. 서울 시내 두 지역에서는 담배꽁초를 주워 오면 1kg당 1만~2만 원 정도 보상금을 준다. 이를 서울 전역은 물론 전국으로 확대해 달라는 것이 가장 핵심 요청이었다. 담배가 쓰레기가 아니라 자원으로 인식되게 하려는 것이었다.

둘째, 담배꽁초 필터가 플라스틱이라는 사실을 알리고, 이 필터가 미세 플라스틱 문제를 일으켜 우리 식탁을 위협한다는 것을 공익 광고로 알릴 것. 아직도 너무 많은 사람이 담배꽁초는 물에 녹아 자연스럽게 사라지는 걸로 인식하고 있는데, 이런 인식만 바뀌어도 더 큰 변화의 물결을 만들어 내기가 용이할 것 같았다.

셋째, 흡연 구역과 담배꽁초 수거기를 확대하는 대신 금연 구역과 무단 투기에 대한 단속을 강화할 것. 흡연자들의 핑계가 담배를 버릴 곳이 없어서라면, 최소한 그 요건을 충족해 주되 그만큼 법은 강화하는 게 낫다는 생각이었다.

마지막으로 담배 제조사에서 납부하는 폐기물 부담금을 빗물받이 형태 개선이나 수거한 담배꽁초 재활용 등 담배꽁초 문제를 해결하는 데에 사용할 것. 현재 도심의 빗물받이는 구멍이 숭숭 뚫려 있어 담배꽁초나 작은 쓰레기를 버리기에 안성맞춤인 모양으로 생겼다. 이런 빗물받이를 담배꽁초나 이물질을 거를 수 있는 촘촘한 형태로 바꾸거나 "바다가 여기서부터 시작된다"라는 푯말이라도 세워 시민의 인식도 바꿔 달라는 요청이었다. 사실 담배꽁초는 잘 수거하면 자원으로 쓰일 수 있다. 셀룰로오스 아세테이트로는 안경테, 의자, 책상까지 만들 수 있고, 담뱃재는 퇴비로 쓸 수 있다. 폐기물 부담금을 담배꽁초 투기 문제를 해결하기 위해 사용해 달라는 것이 마지막 요청이었다.

손 편지는 생각보다 천천히 모였다. 담배꽁초를 줍는 일보다 훨씬 쉬울 거라고 생각했는데, 즉각적 반응이 나오지 않아서 걱정도 했다.

닦원들이 환경부 장관에게 쓴 손 편지

다행스럽게 8월 중순부터 하루가 멀다 하고 우편물이 왔다. 전국을 가릴 것 없이 다양한 곳에서 편지가 왔고, 편지를 보낸 사람들의 나이와 직업도 다양했다. 학교를 비롯한 다양한 단체들은 8월 말 개학 시즌이 되자 편지를 묶음으로 보내 주기도 했다.

그렇게 모인 편지가 무려 176통이었다. 미취학 아동부터 60대 어르신들까지 전국에서 길거리 담배꽁초 문제를 인식한 많은 사람들이 직접 쓴 편지를 보냈다. 예쁘게 색칠까지 한 초등학생의 편지부터 글자마다 정성을 가득 담은 고등학생의 편지도 인상적이었다. 특히 이 아이들의 편지를 하나씩 읽어 보면서 그들의 진심이 느껴져 울컥할 때가 많았다. 100통을 목표로 했던 편지 모으기에 2배 가까운 인원이 동참하는 것을 보고, 나 역시 병원 입원실에서 정성을 담아 편지를 썼다(급성 충수 돌기염 수술 때문에 입원 중이었다). 제발 이 편지들을 환경부 장관에게 전달할 수 있게 해 달라고 기원하면서 말이다. 과연 이 소원은 이루어졌을까? 그 결과는 4부에서 환경부장관상을 받는 에피소드와 함께 다루겠다.

 담배꽁초 문제에 대한 닦장의 솔직한 생각

위에서는 제조사에 대한 내용을 중심으로 서술하였지만 사실 담배꽁초 문제에는 지자체, 제조사, 소비자 모두가 얽혀 있다. 이는 대체로 모든 쓰레기 문제에서 동일하다.

먼저 지자체는 적극적으로 금연 구역을 지키고 무단 투기를 단속해야 하는데 관련 법이 너무 무기력하다. 특히 야외 금연 구역에서 떳떳하게 담배를 피우는 사람들을 보는 건 그리 어려운 일이 아니다. 차라리 싱가포르처럼 흡연 구역을 늘리고 투기를 적극적으로 단속하는 게 더 나아 보인다. 무의미한 금연 구역 스티커가 외려 법을 우습게 보도록 만드는 것 같다.

제조사를 통해 알아본 내용에 따르면, 해마다 제조사에서 450억 원 이상의 폐기물 부담금을 정부에 납부하는데, 이 돈이 어떻게 쓰이는지 아는 사람이 아무도 없었다. 최소한 이 비용이 담배꽁초 문제를 해결하는 데 사용되도록 독려하고 정부나 지자체에 꾸준히 요청하는 것이 우리의 몫이라고 생각한다.

지구 닦는 황 대리

흡연자들에게 물어보면 무단 투기를 하는 가장 큰 이유가 버릴 곳이 없기 때문이라고 한다. 그럼 최소한 잘 버릴 수 있게 전용 수거함을 많이 비치한 후 적극적으로 단속해야 할 것이다. 자유를 주고 그만큼 법을 강화하는 것이다. 제발 그렇게 되어 내 아이가 코든 입이든 그 외 어떤 경로로든 담배꽁초에서 오는 미세 플라스틱으로부터 보호되었으면 좋겠다.

한 가지 희망적인 사실은 서울 강북구나 용산구에서 담배꽁초를 수거해 오면 보상금을 주는 제도를 시행 중이라는 것이다. 이 제도가 전국으로 꼭 확대되어 담배꽁초가 쓰레기가 아닌 자원으로 인식되면 좋겠다. 이 부분은 제조사도 적극적으로 홍보하거나 캠페인을 할 수 있는 것인데, 용기 있게 동참하면 더 멋진 시너지가 발생할 것이다.

마지막으로 흡연자다. 엄연히 법이 존재하는데도 이런저런 이유로 지킬 수 없는 게 당연하다고 생각하는 그 태도를 꼭 바꾸면 좋겠다. 담배꽁초가 물에 녹아서 사라지지 않는다는 것을 모르는 사람이 대다수다. 제발 담배꽁초는 없어지는 게 아니라 잘게 쪼개져 우리에게 돌아온다는 사실을 명심하고 다른 사람에게 피해를 주지 않으면 좋겠다. 쓰레기통이 없다면 당연히 쓰레기통을 찾아서 버리거나 가져가서 집에서 버려야지 어떻게 길거리에 버릴 생각을 하는지 이해하기 어렵다. 제발 기본을 잘 지키면 좋겠다.

닭장이 담배꽁초를 줍는 이유는 CBS 유튜브 채널 '씨리얼'에 출연하여 설명하기도 했다. 모든 담배꽁초를 다 주울 수는 없어도 최소한 나 같은 사람들을 통해 위험성이 알려지고, 인식이 변하고, 법과 제도가 바뀌면서 기적처럼 해결이 되면 좋겠다. 유튜브에 '씨리얼 담배'라고 검색하면 영상이 나오니 확인해 보길 권한다.

나의 고기 사랑이
지구를 불덩이로 만든다고?

환경에 관심이 많은 사람들이 비건 지향 또는 육식을 줄이는 식습관을 실천하는 것은 알았으나 그 이유는 정확히 몰랐다. 워낙 고기와 서구식 패스트푸드를 좋아하다 보니 최대한 나중에 생각하고 싶은 분야이기도 했다. 하지만 운이 나쁘게도(?) 한승태 작가의《고기로 태어나서》를 읽고 35년 동안 깊게 사랑해 오던 고기와의 만남을 대폭 줄일 용기를 얻게 되었다. 내게는 쓰레기를 줍는 것보다 더 엄청난 변화가 시작되는 순간이었다.

이 책에서 가장 충격적인 내용은 수평아리 이야기였다. 양계장에서 알이 부화하면 보통 암컷, 육계, 수컷 세 종으로 나뉘는데, 이 중 수컷 병아리가 맞이하는 운명은 가히 충격적이었다. 암컷은 산란 기계가 되기 위해 닭장으로, 육계는 빨리 자라서 치킨이 되기 위해 사육장으로 보내지는데, 양계장 어디에도 수평아리를 위한 공간은 없다. 결국 어떠한 용도로도 쓰이지 못하는 수평아리는 빠르면 태어난 지 몇 분 만에 분쇄기 안으로 빨려 들어가는 운명에 처한다. 그렇게 죽음을 맞이하는 수평아리가 우리나라에서 해마다 4,500만 마리나 된다. 우리가 달걀과 치킨을 먹는 산업의 저변에 이런 잔혹함이 숨어 있다는 사실이 거북이 코에 플라스틱 빨대가 낀 영상을 보는 것보다 충격적이었다. 그래서 나는 등에 거북이와 병아리를 나란히 새겼다. 코에 플라스틱 빨대가 끼어 고통받지 말고, 수컷으로 태어났다는 이유로 무참

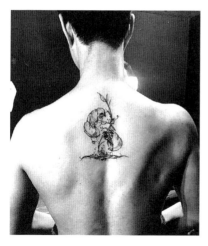
등에 있는 거북이와 병아리 문신

히 죽임당하지 않고 오래오래 살았으면 좋겠다는 마음에서 말이다.

구글에 수평아리를 입력하면 수평아리 분쇄, 도살, 살처분, 사료 등 잔혹한 단어가 연이어 연관 검색어로 뜬다. 우리가 즐기는 축산업 저변에는 이런 잔혹함이 숨어 있다. 독가스를 마시고 죽거나 겨우 죽지 않고 견디다가 산 채로 껍질이 벗겨져 조각나는 돼지들. 우리가 남긴 음식물 쓰레기를 해결하기 위해 어쩔 수 없이 지하 산업에서 생명을 이어가는 개 농장. 강제로 인공 수정을 시키고 새끼와 생이별시킨 후 울부짖는 젖소에게서 얻는 우유와 그걸로 만든 치즈 그리고 살코기. 생산량을 늘리기 위해 공장식 축산 방식으로 물건처럼 생산되는 고기. 최소한의 동물권을 지키기 위해 그리고 '그렇게 고통받는 생명체로 만들어진 음식이 나에게 좋을까?'라는 고민과 함께 내 식습관을 되돌아보게 되었다.

이렇게 먹거리에 대해 공부하다 보니 우리의 고기 사랑이 기후 위기에도 상당히 큰 영향을 준다는 사실을 알게 되었다. A라는 사람과 B라는 사람이 있다고 하자. A는 대중교통을 이용해 출퇴근하고, 태어나서 한 번도 비행기를 타고 해외 여행을 가지 않았으며, 해외에서 생산된 물건을 구매한 적도 없다. 다만 고기를 너무 사랑해서 고기 없이는 한 끼도 먹기 어렵다. 반면에 B는 채식주의자이지만 해외 여행을 즐기고, 자가용을 타고 출퇴근하며, 해외 직구에 빠져 있다. A는 탄소를 배출하는 운송 수단을 생각 없이 애용하는 B가 너무나 무책임해 보이고, B 같은 사람들 때문에 기후 위기가 일어난다며 주변 사람들에게 험담한다. 여러분이 보기에는 어떤가? A의 논리에 동의하는가?

나 역시 아무것도 몰랐을 때는 A와 똑같이 생각했다. 아무래도 운송 수단은 화석 연료를 직접 소비해서 탄소를 많이 배출할 거라고 말이다. 하지만 A나 B가 기후 위기에 주는 영향은 비슷하다. 축산업에서 배출하는 온실가스는 지구 전체 배출량의 15~18%로, 약 15%를 차지하는 모든 운송 수단이 배출하는 총량과 같거나 외려 많다. 계속 고기를 먹는다면 매일 비행기, 자동차, 선박 등 모든 운송 수단을 이용하는 사람만큼 탄소를 배출하면서 미래 아이들을 기후 위기로 몰아넣는 것과 같다.

왜 그럴까? 그 이유는 동물이 먹는 사료를 만들기 위한 개간과 동물이 배출하는 물질에 있다. 대기 과학자 조천호 박사의 강연에 따르면 지구상 포유류는 30%가 인간이고 67%가 인간이 먹으려고 키우는 '가축'이며 오직 3%만이 야생 동물인데, 이 3%조차 빠른 속도로 사라져 가고 있다고 한다. 인간보다 2배 이상 많은 이 엄청난 수의 가축을 먹이느라 인간은 지구의 허파라고 하는 아마존에 불을 질러 숲을 파괴하고 멀쩡한 곡물도 가축에게 헌납한다. 심지어 아마존 파괴 이유의 75%가 가축에게 먹일 사료 경작지를 만들기 위해서라고 한다.

이뿐만이 아니다. 축산업은 지구 전체 이산화 질소의 65%를 배출하는데, 이 기체는 이산화 탄소보다 지구 온난화에 미치는 영향이 296배나 크다고 한다. 소가 트림하거나 방귀를 낄 때 나오는 메탄가스도 전 세계 메탄가스의 37%를 차지한다.

게다가 축산업은 아주 비효율적인 자원 사용 방식으로 운영되고 있다. 소고기 1kg을 생산하려면 곡물 9kg이 필요한데, 쉽게 계산해도 9명이 먹을 수 있는 양을 1명이 먹을 수밖에 없는 양으로 바꾸는 것이다. 우리가 마실 물도 엄청나게 빼앗아 가는데, 소고기 1kg을 생산하려면 물이 약 1만 5,000L나 필요하다. 동일한 양의 채소와 곡물을 생산하기 위해 소비하는 물은 각각 322L, 1,644L이다. 식량과 물이 없어 수많은 사람이 죽어 가는 시대에 우리는 언제까지 입이 즐겁기 위해 더 많은 사람을 희생해야 할까? 그리고 언젠가 그 피해가 우리에게 돌아올 텐데, 대체 우리는 언제까지 이런 지속 가능하지 못한 삶의 방식을 유지할 수 있을까?

우리나라는 특히 육식과 채식에 대한 편견이 심하다. 고기를 먹지 않으면 힘을 못 쓰고 기운이 없을 거라고 생각한다. 뼈가 안 좋아진다, 단백질은 어떻게 섭취할 거냐 등 나에게 관심이 없던 사람들까지 갑자기 챙겨 주니 고기 좀 줄여 보려다가 졸지에 별난 사람이 된다. 그만큼 고기에 담긴 개인의 사랑이 너무나 크다.

마지막으로 동물에 대한 차별도 기억해 두면 좋다. 반려견을 키우는 사람이 많아지면서 개고기를 먹는 사람은 야만인 취급을 당하지만, 음식물 처리 관점에서 본다면 개 농장은 훌륭한 해결책이다. 그래서 단속도 심하게 할 수 없고 결국 없어지지 않고 지하 산업에서 버티고 있다. 개고기 산업을 진심으로 반대한다면, 개고기 섭취 반대 피켓을 드는 것과 동시에 잔반을 남기지 말자는 캠페인과 과소비를 부추기는 현재의 생산·유통 시스템 전반에 대한 항의에도 앞장서야 한다. 그렇지 않고 단순히 개 농장이나 개고기 산업만 반대한다면 결국 논리적 반박에 부딪힐 수밖에 없다. 이처럼 우리를 둘러싼 환경 문제와 산업은 거미줄처럼 촘촘하게 얽혀 있다. 좋은 고기와 나쁜 고기라는 것은 없다. 이미 너무 많은 고기를 소비하는 식습관 개선이 가장 시급하다.

예전에 고기는 특별한 날 먹는 음식이었는데, 지금은 너무 흔한 음식이 되었다. 우리가 정말 고기를 사랑한다면, 무한한 사랑을 주기보다 특별한 날에만 사랑을 주면 어떨까? 당장 끊자는 게 아니다. 일주일에 하루나 이틀 정도만 고기를 안 먹는 습관을 실천하자는 것이다. 그렇게 먹는 고기는 얼마나 맛있을까? 맛은 올라가고 그만큼 여름은 덜 더워지고, 겨울은 덜 추워질 것이다. 가뭄이나 폭우, 홍수 같은 기상 이변도 줄 것이다. 오늘 점심에도 갈비탕이나 제육볶음을 먹으려고 했다면, 오늘만큼은 콩국수나 된장찌개 같은 음식을 먹으면 어떨까? 균형 잡힌 식사로 건강해지는 것은 덤이다!(육식파였던 나의 '비건 지향 실천기는 3부에서 소개한다)

미세 플라스틱이 넘쳐 나는 푸른 바다

고기 이야기를 하자마자 먹거리 이야기를 하게 되었다. 사실 이 책을 구상할 때까지만 해도 넣을지 말지 고민이 많았지만 〈씨스피라시 Seaspiracy〉라는 다큐멘터리 영화를 보고 난 후 꼭 다루어야 할 내용이라는 생각이 들었다. 내가 거북이 코에 플라스틱 빨대가 낀 영상을 보고 환경 활동을 시작한 것처럼, 이 영화의 감독 역시 플라스틱 수십 킬로그램을 먹고 죽어 가는 해양 동물을 위해 촬영을 시작했다가 어업 전반에서 발생하는 여러 심각한 문제에까지 관심사를 확대했다. 축산업과 어업의 근간에 얽힌 어두운 돈과 일본의 고래 잡이 이야기도 적나라하게 나온다. 영화 자체로도 충분히 흥미진진하니 꼭 보면 좋겠다. 감독이 초능력은 없어도 〈캡틴 아메리카〉나 〈아이언맨〉보다 진심으로 지구를 지키고 싶어 하는 히어로임에는 틀림없다.

나는 시 셰퍼드 Sea Shepherd라는 해양 환경 단체의 해변 청소에 참여하면서 해변 쓰레기와 처음 직면했다(〈씨스피라시〉에도 시 셰퍼드 이야기가 나온다). 강화도 여차리 해변에서 시민 봉사자 40여 명과 함께 진행된 해변 청소는 비닐봉지 하나를 들고 쓰레기를 줍던 도심 플로깅과는 차원이 달랐다. 일단 쓰레기양이 어마어마했다. 도심의 캔과 페트병은 애교였다. 해변에는 내 몸집만 한 스티로폼이 뒹굴고 있었고, 농구공만 한 플라스틱 부표도 전쟁 후 남은 포탄처럼 널브러져 있었다. 신발은 주인을 잃고 정처 없이 해변을 떠돌고 타이어와 냉장고 등 대체 왜 이곳에 있는지 이해가 안 되는 물건들도 많았다.

해변을 청소하기 위해 비닐봉지가 아닌 100L짜리 마대를 들고 수도 없이 날라야 했다. 분명 엄청난 양의 쓰레기를 치운 거 같은데, 그렇게 치우고 치워도 2~3개월이면 원상 복구된다고 했다(실제로 3개월 후 방문했을 때 엄청난 쓰레기들이 다시 쌓여 있었다). 한창 부풀던 내 열정조차 허무감으로 바뀔 정도였다.

특히 해변 청소를 하면서 본 스티로폼은 끔찍한 무력감을 선물했다. 잘게 부스러져 모래 알갱이처럼 해변을 떠도는 스티로폼은 인력으로는 도저히 주울 수 없었다. 아무리 손으로 퍼서 마대에 담아도 손가락 사이로 빠져나가는 스티로폼 알갱이들이 그렇게 야속할 수 없었다. 도심 플로깅을 할 때 담배꽁초를 보는 기분이랄까? 스티로폼 알갱이들을 치우다 보면 왜 해양 생물이나 새들이 플라스틱을 먹을 수밖에 없는지 이해하게 된다. 이해하려고 애쓰지 않아도 저절로 납득이 되어 버린다. 당연히 우리 몸속에도 미세 플라스틱이 있겠구나 인정하게 된다.

한 번이라도 해변 청소를 해 본 사람은 우리가 일주일에 신용카드 한 장 만큼의 미세 플라스틱을 먹는다는 말이 결코 과장이 아니라는 것을 알게 된다. 그리고 당장 플라스틱 줄이기를 실천한다고 해도 이미 떠돌아다니는 플라스틱 때문에 그 효과가 나타나려면 수십 년은 걸린다는 것도 말이다. 이것이 제로 웨이스트를 당장 실천에 옮겨야 하는 이유이다. 당장의 우리가 아닌 20~30년 뒤 미래와 앞으로 살아갈 날이 많은 아이들을 위해서 말이다.

그 후로도 인천, 강화도, 부산, 제주 등 다양한 곳을 다니며 꾸준히

지구 닦는 황 대리

해변 청소를 진행했다. 어느 곳이나 상황은 비슷했다. 서해나 남해는 물론 아름다운 섬으로 불리는 제주도마저 육지에서 바다로 또는 바다에서 육지로 떠밀려 오는 쓰레기로 몸살을 앓았다. 특히 제주도가 그렇게까지 더러울 줄은 상상도 못했다. 부산 해변은 상대적으로 조수간만의 차가 적어 어업 쓰레기는 적었지만 관광객이 버리고 간 마스크나 담배꽁초, 테이크아웃 컵 등이 여기저기 있었다. 쓰레기를 줍다가 멀리 수평선을 바라보면 해안으로 떠밀려 오는 부표나 쓰레기들이 보인다. 게다가 발밑에 쓰레기가 뒹구는 것을 보면서도 사진을 찍으며 추억을 만드는 사람들이 그렇게 비현실적으로 보일 수 없었다.

해변 청소를 하면서 처음으로 밧줄에 걸려 죽은 상괭이를 보았고, 기러기나 갈매기 사체도 서너 번 보았다. 볼 때마다 적응이 되지 않는 광경이었다. 〈씨스피라시〉를 보면 매일 지구를 500바퀴는 감쌀 수 있는 어망이 바다에 던져져 유실된다고 한다. 망가진 어망은 바다에 버려져 2차로 바다 생태계를 위협한다.

그럼 전 세계와 비교해서 우리나라 해변의 미세 플라스틱 상황은 어떨까? 슬프게도 가장 오염된 축에 속한다. 한국해양과학기술원의 2015년 조사를 따르면 경남 거제와 진해 32곳 등 국내 바다의 1㎡당 미세 플라스틱 오염도가 해외 평균보다 8배나 높다. 또한 2016년 경남 거제와 마산 일대 양식장의 굴, 담치(홍합), 게, 갯지렁이 조사에서도 전체의 97%에서 미세 플라스틱이 발견됐다. 2018년《네이처 지오사이언스》에 따르면 전 세계에서 미세 플라스틱으로 오염된 지역 2위와 3위에 인천과 경기 해안과 낙동강 하류가 꼽혔다. 국산 해산물을 비싼 돈 내고 찾아 먹던 이들에게는 다소 속상한 연구 결과가 아닐 수 없다. 바닷물을 증발시켜서 만드는 소금에도 당연히 미세 플라스틱이 포함되어 있다.

위에서도 이야기했지만 해양 쓰레기를 줍다 보면 쓰레기 중 가장 골칫거리는 스티로폼이다. 그럼 해변에는 왜 이렇게 스티로폼이 많을까? 바로 어업에서 쓰이는 스티로폼 부표 때문이다. 2019년 기준 국내 양식장에서 쓰인 스티로폼만 약 4,100만 개인데 회수·수거율은 28%에 머물고 있다. 양식용 부자浮子에 쓰이는 스티로폼에는 난연제의 일종인 HBCDHexabromocylododecane가 들어 있는데, HBCD는 신경독성과 내분비계 장애 등을 일으킨다. 이미 사용이 금지되었으나 아직 대체 물질이 없어 사용 금지가 유예되고 있다(사용을 금지했으나 금지가 유예되었다는 건 대체 무슨 말일까?). 친환경 부표도 개발 중이지만 가격이 비싸 바로 보급되는 데는 어려움이 많다고 하니 모든 문제에는 돈이 얽혀 있다. 어부들도 경제적 이익을 위해 값이 싼 스티로폼 부표를 사용한다. 그리고 사람이 플라스틱을 먹든 말든 계속 값이 싼 스티로폼 부자를 사용할 것이다. 갑자기 모두 친환경 부표로 바꾸면 생선 가격이 오를 테니 무작정 어민들을 몰아세울 건 아니지만, 시간이 지날수록 우리가 더 많은 플라스틱을 먹고 바다는 더 오염될 거라는 사실은 분명하다. 모두가 파산으로 가지 않기 위해 우리의 현명한 이기심이 필요한 순간이다.

단순히 인간이 먹이 사슬을 통해 플라스틱을 섭취하는 것만이 문제는 아니다. 무분별한 어획으로 수중 생태계가 심각하게 파괴되고 물고기 개체 수도 빠르게 줄고 있다. 너도나도 개인의 이득을 위해 정해진 양보다 더 많은 물고기를 잡다 보니 물고기 씨가 마르고 있다.

환경에 관심이 있는 분은 2050년쯤에는 바다에 물고기보다 플라스틱이 더 많아진다는 말을 들어 보았을 것이다. 하지만 〈씨스피라시〉에서는 플라스틱이 더 많아지는 것은 당연하고 2050년에는 아예 물고기가 사라질 수 있다고 경고한다. 실제로 1970년대에 비해 상어 개체 수가 80~99%까지 사라졌다니 불가능한 이야기도 아니다. 우리의 어업 방식과 소비 문화가 바뀌지 않는다면, 우리는 조만간 금값 같은 고등어를 사 먹어야 할 수도 있다.

물고기를 잡는 방식에도 문제가 있다. 필요한 어종 외의 물고기를 잡는 혼획이 첫 번째 문제로 뽑힌다. 고등어를 잡으러 나갔으면 고등어만 잡아야 하는데, 보호종이 잡힐 때 풀어 주지 않는 것이다. 또 지속 가능성을 무시하고 바닥부터 훑어서 모든 해양 생물을 송두리째 잡아들이는 저인망 어업 방식도 심각한 문제로 꼽는다. 이에 대한 자료를 찾아보다가 《어업의 품격》이라는 책에서 쥐포와 관련된 흥미로운 이야기가 있어 소개한다.

쥐포의 원료인 쥐치는 1960년대까지만 해도 거의 먹지 않는 흔한 물고기였다. 쥐치는 작은 입으로 먹이를 갉아먹는 모습이 꼭 쥐 같다고 해서 붙여진 이름이며, 다른 물고기들과 함께 그물에 잡혀 오면 인기가 없어서 바다에 다시 던져졌다. 하지만 어느 날 쥐치가 쥐포로 주전부리계 스타로 올라섰다. 쥐치가 돈이 되자 전국 방방곡곡의 배들이 갑자기 쥐치가 유명한 삼천포로 모이기 시작했고, 결국 대형 어선까지 등장해 저인망 방식으로 삼천포 쥐치를 죄다 쓸어 담기 시작했다. 놀랍게도 1986년쯤 개체 수가 최고점을 찍은 쥐치는 채 5년도 안 된 1990년에 이르러 거의 사라져 버렸다. 대형 어선으로 알을 낳는 서식지까지 긁어 버리며 파괴한 결과였다. 그래서 지은 우리는 멀리 베트남에서 질이 낮은 쥐포를 수입해서 먹는 지경이 되었다.

— 《어업의 품격》(서종석 지음) 중에서

돈이 된다면 한 종족 정도는 우습게 멸종시키는 것이 인간의 잔혹한 DNA이다. 실제로 상어나 고래 개체도 기하급수적으로 줄어들고 있는데, 문제는 이들이 해양 생태계는 물론 기후 위기를 극복하는 데 기여하는 영향 역시 상당히 크다는 것이다. 많은 사람이 고래를 지키는 것보다 나무를 심는 것이 기후 위기 극복에 더 큰 영향을 준다고 생각하지만, 실제로는 고래를 한 마리라도 더 보호하는 것이 인간의 멸종을 막는 데 더욱 효과적인 방법이다.

고래 한 마리가 평생 축적하는 이산화 탄소의 양은 평균 33톤에 이른다. 나무 한 그루가 매년 흡수하는 이산화 탄소의 양은 약 22kg이니 고래 한 마리가 나무 수천 그루를 심는 것만큼 효과가 있는 것이다. 또 고래와 함께하는 플랑크톤은 지구에서 가장 작은 생명체로 지구 전체의 40%에 달하는 탄소를 저장한다. 게다가 지구의 산소 50%를 생산하면서 지구 대기 상태를 조절하는 데 엄청난 역할을 한다. 식

지구 닦는 황 대리

물성 플랑크톤이 1% 증가하면 큰 나무 20억 그루를 심는 효과가 있다. 이 식물성 플랑크톤을 성장시키는 데 핵심 역할을 하는 것이 바로 고래이다. 바다와 고래 그리고 바다 생태계가 위험에 처할수록 인간 역시 심각한 위험에 빠질 수밖에 없는 것이 자명하다.

그렇다면 우리는 어떻게 바다 생태계를 보호할 수 있을까? 다소 잔인하게 들릴 수 있지만 어류 소비 방식을 바꾸는 방법밖에 없다. 샥스핀 같은 말도 안 되는 비윤리적인 식품을 거부하고 세계 오염도 최상위를 다투는 국내에서 생산된 굴이나 홍합 같은 재료 소비도 줄여 소비자 목소리를 어민에게 전달해야 한다. 삼선짬뽕 대신 채식짬뽕을 파는 곳이 있다면 적극 이용하고, 초밥집이나 횟집 방문 횟수를 조금이라도 줄여 보자. 수요가 줄면 어업도 스티로폼 부자를 친환경 제품으로 바꾸는 등 변화할 수 있다.

곡물을 먹인 소나 돼지를 잡아먹는 것보다 그들의 사료로 쓰이는 곡물과 채소를 우리가 직접 소비했을 때 훨씬 더 지속 가능한 생태계를 만들 수 있는 것처럼 물고기보다 해조류를 섭취하는 것이 지구와 우리를 구하는 길이다. 우리가 생선에서 섭취하는 오메가-3는 해조류에도 포함된 영양소이다. 오죽하면 〈씨스피라시〉에서 우리가 물고기를 통해서만 얻을 수 있는 영양소는 수은과 다이옥신 등 유해 물질과 중금속이라고 했을까? 영양소 관점에서만 봤을 때 굳이 생선을 먹지 않아도 대체할 식품이 많으니 조금씩이라도 줄여 보면 좋겠다.

여러분 식탁에 놓인 고기와 생선 이면에는 이런 사실이 숨어 있다. 식습관을 바꾸는 것은 쉽지 않은 일이다. 게다가 식품 산업을 주도하는 자본의 힘은 너무 막대해서 모든 매체를 이용해 인간이 건강하게 살려면 이 음식을 꼭 먹어야 한다고 소문 낼 것이다. 텔레비전을 켜면 어디서든 고기나 물고기를 먹는 장면이 나오는데, 여기에는 그 방송에 광고비를 기꺼이 내는 자본의 힘도 숨어 있다는 사실을 잊지 않았으면 한다.

프로 환경 운동가는 아니지만, 환경에 관심이 많은 직장인으로서 지금까지 읽고 본 책과 논문, 다큐멘터리, 기사 등에서 얻은 정보를 소개했다. 많은 분이 익숙하지 않은 정보에 당황했을지 모른다. 바쁜 일상에서 이런 정보를 찾아볼 여유가 없어서 그럴 수도 있고, 가치관 차이로 외면해 왔을 수도 있다. 하지만 이제부터라도 우리 건강과 생태계를 위해 조금씩 관심을 가져 보면 어떨까? 정말 건강하고 행복한 지속 가능한 삶을 원한다면 말이다.

생분해와 업사이클링의 실체
그리고 이면에 숨은 그린 워시

"생분해는 좋은 건가요?", "이건 페트병으로 만든 티셔츠래요!"

최근 친환경에 대한 관심이 늘어나면서 많은 분이 이와 같은 질문을 한다. 요즘은 일부 마트나 편의점에서도 생분해 봉투를 사용하고, 생분해가 가능한 원료 100%로 만들었다는 페트병도 나왔으며, 앞으로는 배달 용기 역시 생분해로 만든다고 한다. 여기저기 말 그대로 생분해 열풍이다. 생분해와 함께 인기를 끄는 것이 업사이클링 제품이다. 페트병으로 만든 티셔츠나 가방 같은 굿즈 말이다. 과연 이 제품들은 환경에 정말 좋을까? 내 생각을 자유롭게 이야기하겠다.

생분해 플라스틱은 진짜 분해가 될까?

생분해 봉투가 궁극적으로 좋으냐 나쁘냐를 묻기 전에 필요하냐 필요하지 않느냐를 묻는다면, 일단 '필요한 기술'이라고 답하겠다. 다만 그 필요한 기술이 마케팅으로 너무 악용되는 것을 문제로 지적하고 싶다. 이에 대한 자세한 이유를 설명하기에 앞서 생분해 플라스틱에 대해 간단히 알아보자.

생분해biodegradable 플라스틱은 말 그대로 일정 조건에서 분해가 빨리 일어나는 플라스틱을 의미한다. 많은 사람이 '생분해=식물성(또는 천연 자연 재료)'라고 오해하지만 사실 반쪽짜리 정답이다. 석유계 제품도 생분해될 수 있다는 것 그리고 옥수수 전분이나 사탕수수 등 천연 물질을 사용했더라도 생분해되지 않을 수 있다는 것 등 우리가 잘 모르는 것부터 제대로 알고 생분해를 바라보면 좋겠다.

사람들이 생분해 플라스틱이라고 생각하는 플라스틱은 세 종류가 있다. 첫째, 일정 조건 아래 6개월 동안 90% 이상 분해되는 생분해 비닐이다. 이것은 환경부에서 준 'EL-724'라는 환경 인증 마크를 달고 있다. 둘째는 'EL-727'이라는 환경 인증 마크를 달고 있는 제품으로, 식물성 원료를 20% 이상 섞어서 탄소 배출량을 줄인 것이다. '친환경'이라는 마크가 붙어 있고 탄소 배출도 줄이지만 실제로는 생분해되지 않아서 일반 일회용 제품과 큰 차이가 없다. 셋째는 6개월 동안 60% 정도만 분해되는 산화 생분해 플라스틱oxo-biodegradable plastics이 있다. 산화 생분해 플라스틱은 촉진제나 산화제 등을 넣어서 분해를 촉진하는 플라스틱이지만, 제대로 분해되지 않으며 내구성 문제도 있어서 미국과 유럽 등에서는 사용하지 않는 추세이다.

'EL-724' 제품 중 가장 흔히 쓰이는 것은 옥수수 전분을 추출한 원료로 만든 PLA이며, 일정 조건에서 미생물에 100% 분해된다는 특징이 있다. 보통 PLA는 카페에서 제공하는 생분해 빨대, 테이크아웃 컵, 뚜껑 등에 많이 사용된다. 비닐로도 사용되긴 하지만, 내구성이 약해서 쉽게 찢어져 다소 불편하다. 게다가 옥수수를 많이 심어야만 얻을 수 있다는 문제점도 있다. 이 외에 석유계라도 생분해가 가능한 천연 고분자 화합물을 이용해 만든 PBAT와 PBS도 있다. 강도, 내구성, 가공성이 우수하지만 아직 가격대가 높아 쉽게 구매하기 어려운 제품이다.

현재 자원 순환 관점에서 생분해 플라스틱의 가장 큰 문제점은 일정 조건에서 분해가 일어난다는 점이다. 예를 들어 PLA는 온도 58℃와 습도 70%라는 조건이 충족되어야 미생물이 활성화해 플라스틱을 분해하는데, 기본적으로 땅에 버려도 이런 조건이 충족되는 곳이 많지 않다. 그렇다면 이런 내용을 충분히 알리고 판매해야 하는데, 무조건 생분해 100%로 만들었다고만 하니 소비자로서는 비싼 돈을 주고 바보가 되는 상황이다. 하지만 여기서도 또 다른 문제가 발생한다. 아

사람들이 생분해 플라스틱이라고 생각하는 플라스틱 종류

구분	EL-724		EL-727	OXO
	식물계	석유계	Bio-△△	Oxo bio-△△
이름	PLA, PHA 등	PBAT, PBS 등	Bio-△△	Oxo bio-△△
생분해 효과	6개월 동안 90% 이상		분해 안 됨	6개월 동안 60% 이상
닭장 관점	효과 있음(퇴비 인프라 필요)		효과 미비	효과 미비

무리 생분해 플라스틱이라고 해도 매립하면 메탄가스가 발생해서 온실가스가 배출된다는 것이다. 분해되어 없어진다고 해서 끝이 아니라는 것이다.

어쨌든 생분해 플라스틱은 매립했을 때 분해되어 없어질 수 있다는 점 그리고 소각하더라도 기존 비닐봉지에 비해 유해 물질 발생량이 현저하게 적다는 점에서 어느 정도 대안이 될 수 있다. 당장 수도권의 경우 2025년 인천 수도권 매립지가 문을 닫는 순간 쓰레기 대란이 올지 모르는 상황이라 빨리 대안을 마련해야 한다. 많은 기업이 생분해 제품 투자에 뛰어들었으며, 점차 개발이 진행됨에 따라 제품의 질이 올라가고 금액도 합리적 수준으로 맞춰질 것이다. 더불어 매립 후에 토양에 미치는 영향까지 고려하는 수준까지 기술이 발전되어야 한다는 점도 생각해야 할 것이다.

업사이클링 제품은 진짜 친환경적일까?

생분해와 함께 친환경 시장에서 뜨는 아이템이 바로 업사이클링 제품upcycling products이다. 먼저 'recycling'과 'upcycling'의 차이를 알아보자. recycling은 재활용이라는 말로 쓰이며, 사용한 제품을 다시 원료 단계로 만들어 동일한 물건을 재생산하는 방식이다. 예를 들어 투명 페트병을 모아서 분리배출하면 잘게 쪼갠 다음 다시 투명 페트병으로 만든다. 이와 반대로 upcycling은 새활용이라는 말로 쓰이며, 기존 용도와 다른 용도로 제품을 다시 탄생시키는 것이다.

말이 어렵지 예전 텔레비전에서 보았듯이 철사 옷걸이로 이런저런 공예품이나 정리 도구 같은 걸 만드는 것도 모두 업사이클링에 해당한다. 양말목 공예품이나 불량으로 버려지는 마스크를 활용해서 만든 의자, 페트병 뚜껑으로 만든 치약 짜개나 열쇠고리, 페트병에서 뽑아낸 실로 만든 의류, 버려지는 원단을 재사용해서 만든 가방이나 캠핑용 테이블보, 커피 찌꺼기를 활용해서 만든 연필, 점토, 화분 등 점점 그 종류도 다양해지고 있다.

업사이클링 방식에는 크게 재사용과 재활용이 있다. 재사용은 다시 원료로 만드는 과정 없이 버리는 폐기물을 다른 방식으로 사용하는 것이고, 재활용은 다시 원료 단위로 돌아가 다른 방식의 공정을 거쳐 다른 제품을 만들어 내는 것이다. 버리는 청바지를 잘라서 가방을 만드는 것이 전자, 페트병으로 실을 짜서 티셔츠를 만드는 것이 후자라고 보면 된다.

지구 닦는 황 대리

커피 찌꺼기를 활용해서 만든 제품

　업사이클링은 버려지는 자원을 다시 사용한다는 관점에서 친환경적 의의가 있다. 특히 양말을 하나 만들 때마다 버려지는 양말목으로 공예품을 만든다거나 커피 찌꺼기로 만든 제품 등은 버려지는 자원을 다시 훌륭한 소재로 만들어 가치를 창출해 낸다(커피 한 잔을 내릴 때 고작 2%만 사용되고 98%가 버려진다). 와이퍼스에서도 종종 이런 양말목 체험 행사나 커피 찌꺼기 점토로 만들기 체험을 한다. 어른뿐 아니라 아이들 교육용으로도 훌륭한 활동이다.

다만 최근 널리 유행하는 페트병을 재활용해서 의류를 만드는 사업에 대해서는 약간 고개가 갸웃해진다. 사실 페트병은 다시 페트병으로 재활용되었을 때 최대한 그 가치가 보존된다. 이미 재활용 품목 중 가장 재활용이 잘되는 페트병으로 옷을 만드는 것이 정말 친환경적인지 고민스러울 때가 있다. 이와 더불어 현수막 등으로 가방이나 굿즈를 만들 때도 이것을 세척하는 데 들어가는 물과 화학 약품 등을 고려해 이것이 정말 친환경적인지 따져 보는 것이 좋다. 업사이클링했다고 해서 무조건 모든 환경 문제와 쓰레기 문제가 해결된다는 생각은 위험하다.

유연한 사고 방식으로 넓은 시야로 바라보고, 정말 의미 있는 업사이클링 제품을 잘 고르는 것은 최신 트렌드인 친환경 아이템으로 환경에 대한 내 관심도 뽐내면서 환경에 진심인 그린 컨슈머green consumer로 가는 지름길이다.

 그린 컨슈머

그린 컨슈머는 물건을 구매할 때 환경 또는 건강을 제일 중요한 판단 기준으로 삼는 소비자를 말한다. 이들은 편이성과 쾌적함 등과는 다른 관점에서 제품을 선택하기 때문에 경제성을 우선으로 하여 제품을 생산하던 기업 생산 시스템에 많은 영향을 미치고 있다.

지구 닦는 황 대리

친환경 관련 시장이 커지고 환경에 관심을 기울이는 사람들이 늘어남에 따라 우위를 점하려는 기업들의 경쟁 또한 치열해지고 있다. 그러다 보니 너도나도 친환경이라고 내세워 뭐가 진짜고 뭐가 가짜인지 알기가 어려워지고 있다. 아마 2~3년 뒤면 나 역시 진짜 친환경이 뭔지 모르는 시기가 올 것 같다.

일단 친환경이라는 말과 기업이라는 말은 애초에 함께하기 매우 어려운 조합이다. 친환경은 다른 것보다 환경을 우선하는 것인데 기업의 가장 큰 목표는 이윤 추구를 통한 생존이기 때문이다. 기본적으로 우위에 두는 것이 다르다 보니 친환경을 목표로 하는 기업이 존재할 수 있을지 의문스럽다. 그래서 나는 그 회사의 설립 배경이나 활동을 자세히 보는 편이다.

내가 좋아하는 의류 브랜드 파타고니아의 경우 설립 배경 자체가 흥미롭다. 등산과 서핑을 좋아하는 설립자 이본 취나드Yvon Chouinard가 처음에는 등산 장비를 만들다가 자기 사업이 아름다운 자연을 해친다는 사실을 깨닫고 자연을 그대로 유지하려는 브랜드를 만들었다. '지구가 목표, 사업은 수단'이라는 슬로건은 파타고니아에 딱 어울린다. 특히 브랜드에 상관 없이 어떤 옷이든 수선해 주는 원 웨어worn wear 투어 때 10년 입은 아내의 운동복을 가져가 수선받은 뒤 완전히 이 브랜드 팬이 되었다. 그리고 대부분 중고로만 버티던 겨울 패딩을 이 브랜드에서 질렀는데 태어나서 가장 비싼 소비였다.

그리고 어떤 회사가 친환경적인지 아닌지 판단할 때는 얼마나 환경 활동에 적극적으로 뛰어드는지 보는 것도 좋다. 예를 들어 알맹상점은 대한민국을 대표하는 제로웨이스트 상점으로 포장재 없이 '알맹이'만 판매하기 위해 누구보다 노력하고 있을뿐더러, 정책과 제도를 바꾸기 위한 각종 기자회견에도 발벗고 앞장서고 있다. 제주도에는 디프다제주라는 단체에서 환경에 관심이 있는 가게 점주들과 협약을 맺어 해변을 청소하고 카페를 방문하면 할인해 주는 등의 서비스를 제공한다. 환경을 위한 소소한 실천과 동참이 돋보인다.

또 기업이 하는 광고를 무조건 믿지 말고 보다 넓은 시야에서 살펴보는 연습을 하자. 최근 큰 인기를 끌고 있는 전기차는 주행 중 화석 연료를 소비하지 않는다는 점을 부각한다. 하지만 우리는 리튬 이온 배터리나 코발트와 관련된 국제적 사회적 문제나 전기를 공급하는 에너지원 자체가 아직은 대부분 화석 연료라는 점을 잊으면 안 된다. 플라스틱을 업사이클링해서 신발이나 의류를 만드는 회사도 친환경을 내세우지만 전체 판매 품목 중 친환경 품목이 차지하는 비중은 미미한 경우도 많다. 뉴스, SNS, 홈페이지 등을 통해 조금 더 적극적으로 그 회사의 활동이나 이면에 대해서도 관심을 가지는 것이 좋다. 일회성이거나 보여 주기식은 아닌지 진심으로 환경에 관심이 있는지 알아볼 수 있다.

내가 생분해와 관련해서 경험한 대표적 그린 워시 두 가지를 소개하려고 한다. 앞서 말한 대로 나는 기본적으로 생분해 개발을 옹호하지만 허위 광고로 이 기술을 이용하는 기업이나 상인들을 보면 울분이 터진다. 혹시 이 글을 읽고 자신이 속았다는 사실을 알았다면 판매처에 따끔하게 한마디 하고 와이퍼스에서 위로를 받는 것도 좋겠다.

PLA 100% 생분해 페트병

이 제품은 강원도 산불 피해 지역에 나무를 심으러 갔다가 처음 보았다. 식물을 팔 때마다 나무를 심는 트리플래닛이라는 기업에서 앰배서더로 나를 초청해 주었는데, 물 하나도 신경 써서 PLA 100% 생분해 페트병에 주었다. 주최 측의 세심한 배려에 고마워하며 제품을 보고 있을 때 이런 말이 들렸다.

"이거 생분해되는 제품이라 그냥 땅에 버리면 된대요!"

기업 담당자가 홍보 마케터에게서 들은 말이라고 했을 때 머리에 한 방 맞은 것 같았다. PLA 100%라고 적힌 라벨을 보면 절대 땅에 막 버려도 되는 건 아니기 때문이다. PLA는 온도 58℃ 이상, 습도 70% 이상에서 미생물 분해가 시작되는데 우리나라 땅의 온도가 58℃를 넘어갈 리가 없지 않은가. 그래도 혹시 내가 잘못 알고 있을 수도 있어서 좀 더 확인해 보기로 했다. 차라리 내가 잘못 알고 있다면 좋겠다고 생각했다.

이 브랜드는 유명한 남자 연예인을 모델로 내세워 적극적으로 마케팅하고 있었다. 국내 최초로 개발된 PLA 100% 생분해 페트병이라고 말하며 광고도 흙 위에 페트병을 놓고 정말 생분해될 것처럼 사진을 찍었다. 나 같아도 생분해를 잘 몰랐다면, 조금 비싸더라도 기꺼이 이 제품을 구매했을 것이다. 길거리에 버리면서 죄책감을 덜 느꼈을 수도 있다. 제품도 광고도 심지어 홍보 연예인도 모두 그럴싸했다.

나는 고객 센터에 전화를 걸었다. "판매하는 MD분이 이거 그냥 산에 버려도 된다고 했다는데 사실인가요?" 경쾌한 목소리를 전화를 받은 안내원은 순식간에 목소리가 바뀌었다. 그건 자기들이 알려 줄 수 없고 본사에 문의해야 한다고 했다. 본사 연락처를 받아서 다시 연락했다. 같은 질문을 받은 담당자는 귀찮다는 목소리로 "추가 조건이 더 필요하긴 하죠"라고 답했다. 그런데 왜 그렇게 홍보하느냐는 질문에도 "추가 조건이 더 필요하긴 합니다"라고 답했다. 마지막으로 어떤 조건이 더 필요한지 묻자 "추가 조건이 더 필요하다"는 대답으로 마침표를 찍었다. 사과나 해명도 없었다. 정말 좋은 제품을 잘 만들었는데 이렇게 응대하는 게 참 속상했다. 나라면 차라리 "아직 국내에서 퇴비화할 수 있는 인프라가 부족해서 일반 쓰레기로 버리셔야 합니다. 빨리 지자체와 협의하여 이런 인프라를 구축할 수 있도록 노력하겠습니다. 땅에는 버리지 말아 주세요"라고 했을 텐데. 그게 최소한 제품의 구매 타깃인 그린 컨슈머에게 진정성을 보여 줄 답변이었을 텐데. 용기도 물맛도 훌륭했지만 뒷맛은 찝찝하기만 했다.

생분해 음식물 쓰레기 거름망

하수구 채수망에 끼워서 사용하는 음식물 쓰레기 거름망이 생분해로 나왔다. 생분해이기 때문에 편리하게 거름망만 빼서 음식물 쓰레기봉투에 넣어서 버리거나 음식물 쓰레기 수거통에 바로 버려도 된다는 광고를 많이 했다. 손에 음식물 쓰레기를 묻히고 싶은 사람이 어디

있으랴? 여기저기 정말 많은 사이트에서 판매하고 있다. 초록창에 '생분해 음식물'이라고만 입력해도 업체가 최소 10개 이상 나온다.

하지만 이 역시 조금만 들여다보면 납득하기 어려운 부분이 있다. 보통 음식물 쓰레기는 세 가지 방법으로 처리된다. 첫째는 동물 사료, 둘째는 퇴비, 마지막이 매립이다. 가정의 음식물 쓰레기는 동물 사료로 쓰이는 경우가 적긴 하지만 어찌되었건 동물은 비닐을 먹지 않는다. 또한 퇴비로 쓰는 경우에도 보통 음식물 쓰레기의 퇴비화는 약 2개월 동안 진행되는데, 생분해 거름망이 분해되기까지는 약 6개월이 걸린다. 그러니 음식물 쓰레기가 퇴비가 되었어도 생분해 거름망은 일부라도 남아 있게 된다. 마지막으로 매립하는 경우인데, 이때도 사람이 일일이 수작업으로 비닐을 따로 걸어 낸 후 매립하기 때문에 결국 국가 세금으로 음식물과 뒤섞인 생분해 거름망을 추가로 걸러 내야 한다.

그래서 정확한 답변을 듣기 위해 중구청 환경과로 연락했다. 구청에서는 "음식물 쓰레기봉투에 음식물 외에 다른 이물질을 넣어서 버리는 것은 위법이며 과태료 처리가 된다"고 말했다. 이것이 대표적인 그린 워시이다. 업체가 소비자를 속여 가면서 잇속을 챙긴 것이다.

업체에도 직접 문의했다. 전화를 받은 직원은 생산 공장 쪽에 문의한다고 했지만 연락이 없었다. 다시 연락했지만 같은 대답만 하고 역시 연락하지 않았다. 결국 4~5개 판매처에 댓글을 달았다. 그랬더니 신기한 댓글이 달렸다. "지자체마다 다르니 문의해야 한다"라고 했다. 그렇다면 광고를 그런 식으로 하면 안 되는 게 아닌가? 혼란스러운 일이었다.

　누가 봐도 쉽게 버려도 되는 것처럼 광고하고는 정말 그렇게 해도 되는지는 소비자가 지자체에 물어보라는 무책임한 행태를 보이다니. 심지어 자기들이 위법임을 인정하면서도 광고에서 문제가 될 문구만 삭제하고 판매는 계속했다. 혼란을 줄 수 있는 이미지는 그대로 둔 채 말이다. 네이버 쇼핑 쪽에서도 한국소비자연맹 쪽에서도 어쩔 수 없다는 답변만 왔다. '이럴 거면 나도 생분해 거름망이나 왕창 떼다가 팔까?' 하는 생각이 들 정도였다. 한두 달 여기저기에 도움을 요청하다가 지쳐 무기력해질 뿐이었다.

　와이퍼스 단톡방에서도 친환경이라고 해서 돈을 더 내고 구매했던 사람들의 울분이 터져 나왔다. 아무 비닐이나 사면 되는데도 친환경이라고 해서 굳이 샀는데 결국 사기나 마찬가지였던 것이다. 그런데 이런 상황에서 소비자를 보호해 줄 보호막은 아무것도 없었다. 속은 사람만 바보가 되는 것이다. 기껏해야 구매한 제품을 환불 처리해 주는 정도일 뿐이다. 심지어 벌금을 낸다고 해도 이익이 더 크기 때문에 계속 판매할 것이다.

　그런 워시의 대표적 예로 생분해에 대해서만 이야기한 데는 나름대로 이유가 있다. 그만큼 관심이 많고 미래 쓰레기 문제를 해결하는 데 꼭 필요하다고 생각하는 기술이기 때문이다. 하지만 업체의 상술 때문에 좋은 기술이 사기처럼 인식될 것 같아서 안타깝다.

　어쩔 수 없이 소비자가 많이 알아야 한다. 새로운 기술이나 제품이 나오면 '환경 문제가 해결되겠구나!' 하고 달려들기 전에 환경에 관심

있는 사람들끼리 자세히 논의하고 공부하는 것이 좋다. 그래야 위와 같은 상황을 막을 수 있다. 이제는 잘 알아보고 행동해야 한다. 자본주의 사회에서 상품 구매 클릭과 결제만큼 힘이 있는 것은 없다. 세상은 평범한 우리가 바꿀 수 있다.

🔅 그린 워시란?

그린 워시(greenwash, green과 whitewash의 합성어)는 기업이 실제로는 환경에 악영향을 끼치는 제품을 생산하면서 광고 등에서 친환경적 이미지를 내세우는 행위를 말한다. 이는 환경에 대한 대중의 관심이 늘고 친환경 제품에 대한 선호가 높아지면서 생겨난 현상이다. 환경 친화적 이미지를 상품 제작, 광고, 판매 등 전 과정에 걸쳐 적용·홍보하는 그린 마케팅green marketing이 기업의 필수 마케팅 전략 중 하나로 떠오르면서 실제로는 친환경적이지 않은 제품을 생산하는 기업들이 기업 이미지를 좋게 포장하는 경우가 생겨나는 것이다.

단절과 갈등의 양극화 시대, 환경에서 사람을 외치다

바야흐로 갈등의 시대이다. 세대가 달라서, 성별이 달라서, 처지가 달라서, 종교가 달라서 등 가지각색의 이유로 다툼이나 미움이 커지고 있다. 사회적 약자를 상대로 발생하는 묻지 마 폭력이나 연인 사이에서 발생하는 데이트 폭력, 아동 학대, N번방, 악플, 갑질 논란 등 발생하는 범죄 종류도 너무나 많다. 나는 우리를 둘러싼 문제 역시 큰 맥락에서 보면 환경 문제라고 생각한다.

안전 이별이라는 말이 여성들 사이에서 쓰이는 것을 보고 너무 놀랐다. 젊은이들의 연애는 사랑의 기쁨과 실연의 아픔 같은 이런저런 감정을 느끼고 사람을 알아보는 눈을 키워 더 나은 사람으로 성장하는 정서적 교감을 배우는 과정이다. 여러 이유로 이별을 고민할 때 남성의 폭력이 그 결정을 늦출 수 있다는 것 자체가 충격이었다. 이별이 '승강장과 열차 사이가 넓어 타고 내릴 때 주의해야 하는' 지하철 하차도 아니고, 인연이 아니라 판단하여 관계를 정리하는 것인데 물리적 안전을 고민해야 하다니! 젊은이들의 연애 환경이 너무 척박해졌다.

그룹을 지칭하는 단어에도 꼰대, 틀딱충, 한남, 김치녀처럼 혐오감이 더해지고 있다. 2021년 6월, 한 점주를 죽음에 이르게 한 새우튀김 환불 사건은 조금만 기분이 나빠도 상대방에게 자신의 감정을 되돌려 주는 것을 당연시하는 세상을 보여 주었다. '눈에는 눈, 이에는 이'로 유명한 함무라비 법전이 부활하는 것 같은 느낌이랄까. 그 법이 옳고 그른 것을 떠나 어쩌다가 우리는 이렇게 사람 사이의 정이 말라 버린 팍팍한 시대를 살게 되었을까?

갈등은 기본적으로 단절에서 온다. 상대를 이해하고 배려하려면 서로 표정, 말투, 온기를 느낄 수 있는 접촉이 일어나야 하는데 요즘은 물리적 접촉 자체가 사라지고 있다. 스마트폰의 발달과 유튜브, 인스타그램 등 개인 미디어나 SNS의 확산, 1인 가구의 확대에 더해 코로나19 이후로 더욱 어려워진 만남과 대화 부족으로 우리는 점점 더 각자의 동굴 속으로 숨어들고 있다. 나 역시 자기 전에 웹툰을 보고 SNS를 하느라 휴대 전화를 붙들고 있으니 이러한 현상은 점차 받아들일 수밖에 없는 현실이 되고 있다.

게다가 자본주의적 사고가 팽배하면서 젊은 세대들 사이에서는 조금도 손해 보지 않겠다는 생각이 강해지고 있다. 그것이 물질적인 것이든, 정서적인 것이든, 말 한마디이든 내가 조금이라도 손해 본다면 남에게 상처를 주더라도 내 손해를 메꾸어야 한다고 생각하는 것 같다. 사람 간의 생활은 참 복잡미묘해서 피해를 준 것 같기도 하고 손해를 본 것 같기도 한 모호한 상황이 많은데, 이것을 악착같이 따지고 들어 단 하나라도 피해 보지 않으려고 날이 서 있다. 막상 마음을 들여다보면 대부분 순수하고 선한데 가시로 뒤덮은 갑옷을 입고 있는 것처럼 보인다고 할까? 나 역시 최근에는 나보다 나이가 어린 사람에게 말을 할 때 무척이나 신중해지고 신경이 예민해진다.

환경은 우리를 둘러싸고 있는 것들이다. 내가 아니라 내 주변의 존재인 환경에 관심을 가지다 보면 자연히 이타적인 생각을 하게 된다. 여기에 환경을 매개로 한 갈등 극복의 키워드가 있다. 9년 차 직장인으로 사회 생활을 하다 보니 피해를 보는 것을 싫어하게 되었지만 최소한 와이퍼스에서는 손해 보는 게 편한 사람이 되려고 한다. 지금까지 내 월급의 2~3배를 쓰면서 와이퍼스를 찾는 사람들에게 다가가려고 노력했다. 혹시 날이 서 있을지 모르는 사람들을 위해 나를 먼저 소개하고, 사비를 털어 소소한 선물을 준비하고, 식사라도 하면서 진정으로 그들의 일상을 듣고 이야기 나누기 위해 노력하고 있다.

그렇게 맺어진 유대감은 쓰레기 줍는 일을 지속 가능하게 해 주는 가장 큰 원동력이다. 정말 다행히도 와이퍼스에는 기본적으로 공감 능력이 뛰어난 분들이 많아서 9년 동안 회사에 다니면서 친해진 사람들보다 더 많은 인연이 생겼다. 경제적으로만 계산한다면 당연히 나는 큰 손해를 보았지만 닦원들과 함께 웃고, 맛있는 비건 음식을 먹고, 쓰레기를 줍고, 비를 맞으면서도 서로 챙기고, 부탁하지 않아도 간식이나 과자를 챙겨서 나눠 주는 그 따뜻한 정서적 에너지는 액수로 환산할 수 없을 만큼 값지다.

최근 와이퍼스 내부에서 설문 조사를 했는데 "본인에게 가장 와닿는 와이퍼스의 장점은 무엇인가요?"라는 질문에 '선한 사람들과의 인연'이 1등으로 꼽혔다. 쓰레기를 주웠다는 엄청난 성취감보다, 값진 친환경 정보보다, 와이퍼스에서 만난 선한 사람들로부터 받은 좋은 에너지를 가장 많이 꼽았다는 것은 나에게 꽤 고무적인 결과였다. 거창하지 않아도 좋은 사람들이 많은 모임, 갈등과 단절의 시대에 잊혀가는 '정'이 넘치는 공동체를 만들고 싶은 내 꿈에 한 걸음 다가간 것 같다.

누군가를 만나서 나눌 이야기가 주식, 부동산, 자동차, 명품백, 아이들 학원 이야기밖에 없다면 결국 자기 관심 분야가 얼마나 좁은지 보여 주는 게 아닐까?

나 역시 돈에 관심이 없는 성인 군자는 결코 아니지만, 어린아이들이 "너희 아빠 차 뭐야?", "아파트 몇 평이야?"라는 이야기를 하며 순위를 매기는 것을 보면서 어른의 모습이 투영된 것 같아 마음이 무거울 때가 있다. 그런 배경에서 자란 아이들이 배려보다는 내 것만 챙기는 단절된 세대의 구성원으로 성장할 것 같아서 말이다.

회사 워크숍에서 꿈이 뭐냐는 질문에 가장 많은 직원이 행복해지는 것이라고 대답했다. 그런데 그들이 말하는 행복 안에는 로또에 당첨되어 크고 좋은 집에서 비싼 차를 굴리면서 일도 하지 않고 사는 것이 있는 것 같다.

서울에서 제법 좋은 아파트부터 단칸방이나 다름없는 월세방까지 경험한 나에게는 적당한 수준에 이르면 돈보다는 건강하게 나를 지탱해 줄 사람들이 훨씬 귀하다. 힘들 때 응원해 주고 좋은 일이 있을 때 함께 웃어 줄 수 있는 사람들이 말이다. 그래서 인연이 귀하고, 귀한 인연으로 만난 사람들이 귀하고, 귀한 사람들이 건강하게 살 수 있는 환경이 귀한 것이다.

돈이 중요하지 않다는 것은 아니다. 돈은 일정 수준까지는 매우 중요하다. 하지만 그 이후에는 돈보다 중요한 것이 충분히 많다. 나에게는 그것이 사람이다. 단절과 갈등의 시대에 내 아이가 깨끗한 환경에서 선한 사람들에게 둘러싸여 성장한다면 정말 행복할 것 같다. 여러분도 그랬으면 좋겠다. 말을 한마디도 나눠 보지 않은 옆 팀 동료가 내 인생 절친일 수도 있고, 내 앞집 이웃이 내게 꼭 필요한 인연일 수도 있다.

열쇠는 항상 여러분 손에 있다. 먼저 다가가 두드리자. 너무 어렵다면 와이퍼스 모임에 한 번이라도 나와서 선한 에너지로 샤워하고 가길 바란다. 와이퍼스에는 여러분 마음에 노크해 줄 사람이 많으니까 말이다.

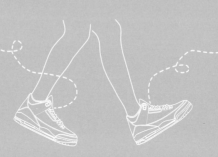

3부

지구를 닦는 습관

이 정도면 나도 할 수 있겠는데?

나보다 훨씬 훌륭하게 제로 웨이스트와 비건을 실천하는 분들이 워낙 많아서 이 부분에 대해 이야기한다는 것이 몹시 부끄럽다. 환경에 관심이 있는 분들 중 제로 웨이스트 고수는 너무나 많다. 비누, 샴푸, 치약은 물론 휴지조차 사용하지 않는 분들도 있고, 세면대에서 사용한 물이 자연스럽게 변기에 모이도록 개조해서 물을 아끼는 분들도 있다. 야자수와 활성탄으로 직접 무전력 정수기를 만들어 사용하고, 천 기저귀와 생리컵 사용 등 나로서는 엄두를 내지 못할 실천을 기꺼이 하는 분들도 많다. 그리고 그런 분들이 와이퍼스에도 있다.

후하게 쳐준다고 해도 나의 제로 웨이스트 실천 및 기후 위기 대응 점수는 70점 정도일 것 같다. 100점에 가깝게 생활하는 분들에 비하면 턱없이 부족한 것을 인정한다. 아직 나는 어쩔 수 없다는 핑계를 대며 휴지를 쓰고, 고기를 먹고, 에어컨을 튼다. 하지만 예전보다 최소한 이러한 행동을 할 때 죄책감을 느끼고, 할 수 있는 데까지는 생활 속에서 쓰레기를 줄이고 에너지를 덜 사용하려고 노력한다. 2년 전 나의 환경 점수를 평가한다면 30점 정도였으니 그동안 정말 많은 습관이 바뀌었다. 다른 분들도 내 실천기를 보면서 이 정도는 나도 하겠다는 자신감을 가지고 지구를 닦는 습관에 동참하면 좋겠다. 100점에 도달하려고 고군분투하는 10명보다 30점에서 70점이 되려고 노력하는 1,000명이 있는 것이 훨씬 아름다우니까.

지금 이 책을 읽으면서 제로 웨이스트에 뛰어들고 싶다면 금자 님으로 알려진 고금숙 작가의 《우린 일회용이 아니니까》, 소일 작가의 《제로 웨이스트는 처음인데요》를 추천한다. 위트 있는 생활 속 제로 웨이스트 이야기가 궁금하다면 허유정 작가의 《세상에 무해한 사람이 되고 싶어》, 분리배출이 궁금하다면 홍수열 박사의 《그건 쓰레기가 아니라고요》, 마지막으로 비건에 관심이 있다면 보선 작가의 《나의 비거니즘 만화》를 적극 추천한다. 관심을 갖고 아는 게 많아질수록 유연한 사고가 가능해진다. 적당히 효과가 있으면서 힘들지 않은, 나에게 딱 맞는 항목을 몇 가지라도 찾아서 실천하면 좋겠다. 특히 맞벌이 부부나 회사 또는 학교에 다니면서 운동과 게임을 좋아하는 평범한 남성들이 꼭 참여하면 좋겠다. 그래야만 세상이 바뀔 테니까 말이다.

비 존슨의 제로 웨이스트 습관, 5R

제로 웨이스트라는 말을 처음 사용한 것으로 알려진 미국의 비 존슨은 말 그대로 쓰레기 없이 살기의 대가이다. 4인 가족이 1년에 배출하는 쓰레기 양은 고작 유리병 하나 정도라고 한다. 이 정도면 놀라움과 존경을 넘어 약간 무섭고 기이하게 느껴진다. 도대체 그녀에게는 어떤 비법이 있길래 우리가 하루에 만들어 내는 쓰레기보다 더 적은 양을 1년 동안 만드는 경이로운 삶을 살아갈까? 그 이야기에서 우리가 지구 닦기에 기여하는 시민으로 성장하기 위한 자세와 습관을 먼저 알아보자.

비 존슨이 쓴 책을 보면 5R이라는 말이 나온다. 제로 웨이스트를 실천하기 위해 필요한 다섯 가지 덕목인데, 'Refuse(거절하기), Reduce(줄이기), Reuse(재사용하기), Recycle(재활용하기), Rot(썩히기)'가 그것이다.

Refuse(거절하기)

내게 필요 없는 물건을 애초에 받지 않는 것을 뜻한다. 카페에서 빨대를 거절하거나 행사에서 나눠 주는 페트 음료나 사은품, 여기저기서 나눠 주는 물티슈나 전단지, 화장품을 사면 주는 재활용 불가능한 화장품 샘플들, 식당에서 주는 영수증, 명절에 들어오는 플라스틱이 가득한 선물들이 그 예가 될 수 있다. 사실 거절하기는 난도가 높은 행동에 속한다. 누군가의 호의를 거절해서 자칫 마음을 거절한 것으로 오해를 사기 쉬우며, 한국처럼 예의를 중시하는 나라에서는 특히 더 어려운 일이다. 거절을 어려워하는 내게도 정말 어려운 일에 속하지만, 받고 나서 집에서 어떻게 버려야 하는지 발을 동동 구르며 죄책감을 느낄 바에는 애초부터 안 받는 게 속은 훨씬 편하다!

Reduce(줄이기)

소비나 사용량 자체를 줄여서 버려지는 자원이나 불필요한 쓰레기를 줄이는 것을 뜻한다. 텀블러를 들고 다니면서 일회용 테이크아웃 컵을 줄이거나 손수건을 들고 다니면서 휴지나 종이 타월 사용을 줄이는 것이 여기 속한다. 집에서 에어컨 대신에 선풍기를 쓰거나 버튼형 멀티탭을 써서 전기 사용량을 줄이거나 빨래를 모아서 세탁해 물 사용량을 줄일 수 있다. 내가 습관적으로 쓰레기를 더 많이 만들어 내는 소비를 하지는 않는지, 나도 모르게 낭비하는 에너지는 없는지 다시 한번 살펴보는 시간을 갖길 바란다.

Reuse(재사용하기)

사용한 제품이나 상품을 버리기 전에 다시 한번 사용할 방법을 고민하는 것을 뜻한다. 재사용하기에는 크게 두 가지 방법이 있다. 첫째는 수명이 다한 제품을 고치거나 다른 용도로 변형해 사용하는 것이다. 전자는 '수리'라고 하고, 후자는 '업사이클링'이라고 한다. 전자는 고장 난 부분을 고쳐서 제품의 사용 기간을 늘리는 것인 반면, 후자는 아예 제품 용도를 바꾸는 데 목적이 있다. 가정에서는 달걀판을 물감 팔레트로 사용하거나 버려지는 가구나 옷을 리폼해서 다시 사용

지구 닦는 황 대리

양말목으로 소품을 만드는 양말목 공예

할 수 있다. 최근에는 산업 부산물로 버려지는 자원을 활용한 업사이클링도 각광받고 있다. 양말을 만들 때마다 버려지는 양말목으로 소품을 만드는 양말목 공예나 커피를 만들고 버려지는 찌꺼기를 활용해 점토나 벽돌 등을 만드는 것을 예로 들 수 있다.

또 하나는 중고 제품 구매를 들 수 있다. 우리나라에는 당근마켓이라는 중고 거래 앱이 있어서 쓸모 없는 물건을 처분하거나 필요한 물건을 저렴하게 구매할 때 안성맞춤이다. 특히 오랜 기간 쓰지 않는 육아용품에서 빛을 발한다고 하니 출산을 앞둔 부부라면 이용해 보길 적극 추천한다. 우리 부부도 매너 온도가 제법 높은 당근 이용자이다.

Recycle(재활용하기)

우리나라에서 흔히 말하는 분리배출이다. 앞에서도 이야기했지만 분리배출과 분리수거를 혼동하는데, 가정에서 재활용이 잘되도록 구분해서 배출하는 것이 분리배출이다. 분리배출은 거주 형태나 지자체에 따라서 상이하므로 가장 좋은 방법은 구청이나 주민 센터와 같은 지자체에 직접 문의하는 것이다. 혹은 '내 손안에 분리배출'이라는 앱을 이용하면 도움을 받을 수 있다. 재활용이 잘 되려면 분리배출과 분리수거 그리고 재생산까지 일련의 순환이 더 잘 이뤄져야 하지만, 이부분에서는 분리배출에 무게를 두고 이해하면 좋겠다.

군이 recycle을 네 번째로 언급한 데는 이유가 있다. 흔히 환경 이야기를 하면 많은 분이 '분리배출을 잘해야지!'라고 생각하지만, 재활용은 어떤 방법을 써도 품질이 떨어지는 것을 막을 수 없다. 결국 애초에 잘 거절하고, 소비를 줄이고(혹은 친환경 사용을 늘리고), 재사용하는 것이 훨씬 더 중요하다는 사실을 잊으면 안 된다.

음식물이나 배설물 등의 퇴비화를 뜻한다. 마당 없는 집이 많은 우리나라 상황에서는 다소 어려울 수 있지만, 지구 입장에서 보면 가장 깨끗한 쓰레기가 음식물 쓰레기이다. 우리가 손에 닿기도 싫어서 인상을 찡그리며 들고 나가는 쓰레기가 염분이나 문제가 되는 부분만 잘 제거하면 자연의 양분이 될 수 있다. 이는 내가 다세대 빌라에 살면서도 실천하는 부분이니 자세한 뒤에 나오는 '누구나 부담 없이 시작하는 친환경 생활 습관'을 참고하면 좋겠다.

엄두가 나지 않는 당신에게
권하는 닭장의 3L 마음 습관

"엄두가 나지 않는다."

내가 처음 비 존슨의 사례를 보았을 때 느꼈던 솔직한 심정이다. 큰 맥락에서 가이드가 될 수 있지만 워낙 제로 웨이스트 고수의 이야기이다 보니 살아가기도 벅찬 맞벌이 부부에게는 와닿지 않는 부분도 많았다. 마치 절정의 무림 고수가 손가락 하나로 바위를 부수고 "자, 정신을 집중하고 단전의 기를 모아서 바위에 발사하면 된다"라고 친절하게 설명해 주는 느낌이랄까? 부끄럽기는 하지만 솔직히 그랬다. 비 존슨이 한국에서 회사를 다니는 대리였다면 정말 쓰레기를 저만큼

밖에 안 만들까? 상사에게 보고할 자료를 뽑느라 반나절이면 유리병을 가득 채우고 남을 종이를 소비했을 수도 있고 업체 접대 때문에 어쩔 수 없이 종이컵을 썼을 수도 있다. 물론 엄청난 죄책감을 느꼈겠지만 말이다.

그래서 환경에 관심은 있지만 직장 생활이나 육아, 기타 다른 활동 때문에 바쁜 요즘 사람들이 꼭 장착했으면 하는 마음가짐을 간단히 정리해 보았다. 이름하여 닦장의 3L이다. 3L은 'Less waste(덜 낭비하기)', 'Long-term approach(장기적으로 접근하기)', 'Love yourself(자신을 사랑하기)'이다. 이는 5R처럼 구체적인 실천법이라기보다 여러분이 지치지 않고 꾸준히 환경에 관심을 갖게 하는 데 목표를 둔다. 확 타오르고 금방 식는 게 아니라 천천히 몸에 익히고 느리더라도 계속 나아가며 오래도록 실천할 수 있게 하는 '한국형 친환경 마음 습관'이다.

Less waste(덜 낭비하기)

사실 제로 웨이스트라는 말은 문자 그대로 쓰레기를 하나도 만들어 내지 않는다기보다는 되도록이면 쓰레기를 만들지 않으려고 노력하는 삶의 방향, 즉 지향점을 의미한다. 그래도 제로(0)라는 숫자가 앞에 있다 보니 쓰레기를 하나라도 만들면 잘못한 것 같은 느낌이 든다. 사실 비 존슨 같은 고수는 최소 80점 이상의 친환경 생활을 해 왔을 것이다. 그래서 지금 99점을 실천할 수 있을지도 모른다. 하지만 우리는 어떠한가? 전 세계 평균치보다 평균 2배 이상 많은 자원을 쓰는 국민이라면 전 세계 평균치로만 달려가도 일단 잘하는 것이 아닐까? 그래서 처음부터 제로보다는 레스Less라는 관점으로 접근하면 좋겠다.

사실 한국의 여러 가지 상황이나 인프라를 고려했을 때 제로 웨이스트를 하는 것 자체가 어렵다. 장 보는 것부터 이야기해 보자. 장바구니를 들고 나가도 애초에 마트에서 대부분의 물건들을 비닐로 싸거나 플라스틱 용기에 담아 진열해 놓고 있다. 오죽하면 친구와 함께 한국 마트를 찾은 외국인이 스티로폼과 비닐에 포장되어 있는 바나나를 보고 "너희는 껍질도 먹어?"라고 물어보았을까. 식자재를 바나나 잎으로 싸서 대나무 껍질로 묶어 판매하는 태국의 마트와 비교했을 때 쓰레기 없이 장을 보는 것 자체가 너무 어려운 실정이다. 위생이나 편의를 지나치게 강조하는 문화 때문에 우리는 원하든 원하지 않든 쓰레기를 살 수밖에 없는 경우가 많다. 이건 소비자보다는 유통 관련 기업들의 잘못이 훨씬 크다.

현실을 인정하니 마음이 좀 더 편해졌는가? 제로 웨이스트로 가려면 소비자, 기업, 정부가 함께 바뀌어야 한다. 지금 우리에게 필요한 것은 해외의 우수한 사례와 비교해서 우리나라는 왜 이렇게 포장을 많이 하는지, 편의성을 이유로 이를 부추기거나 묵인하는 것은 아닌지 고민하고 반성하는 것이다. 우리가 적극적으로 목소리를 내고 좀 더 친환경적으로 포장하는 가게나 전통 시장을 이용하면 한 걸음 더 제로 웨이스트에 다가갈 수 있다. 그래도 점차 제로 웨이스트 상점이 많아지는 분위기이니 어디서든 쉽게 쓰레기 없이 물건을 살 수 있는 때가 오기를 염원해 보자. 여러분이 지속적으로 관심을 갖고 실천하면, 분명 제로에 가까운 레스로 다가갈 수 있을 것이다.

각자 자기에게 주어진 일을 하며 정신 없이 살아가는 우리들의 모든 행동을 친환경적으로 바꾸기는 무척 어려운 일이다. 개인이 처한 상황과 조건이 모두 다르기 때문에 같은 기준을 놓고 지키는 일 또한 쉽지 않다. 하지만 각자 상황에 맞게 유연하게 사고하는 것은 지속 가능한 환경 활동에 꼭 필요한 마음가짐이라고 생각한다.

100점! 초등학교에 입학해서 치르는 받아쓰기를 시작으로 중·고등학교를 거치며 수없이 시험을 본 우리들은 경쟁에 너무 익숙해져 공통적으로 100점과 완벽을 추구하는 정서를 갖고 있는 듯하다. 그래서인지 무언가 결심할 때 목표를 무리하게 잡았다가 금방 무너져 버리는 작심삼일이 되는 경우가 많다. 쉽게 타오르는 만큼 쉽게 식어 버리는 모습을 보면 그렇게 아쉬울 수 없다.

유연하게 사고하려면 두 가지를 준비해야 한다. 첫째는 '넓게 바라보기'이고 둘째는 그 틀 안에서 '이것만큼은 안 해!'라는 기준을 잡는 것이다. 넓게 바라보려면 소비·폐기 구조를 생산·소비·폐기·재활용·자원·재생산 구조로 바라보아야 한다. 물건을 구매해서 쓰다가 버리면 끝이 아니라 구매하기 전부터 버린 후까지의 눈에 보이지 않는 모든 과정에 관심을 가져야 한다.

이런 마음가짐을 가지면 일회용품이나 플라스틱을 쓰게 되었을 때 조금이라도 환경에 해를 덜 끼치는 방향으로 행동하게 된다. 예를 들어, 재활용 관점에서 봤을 때 유색 페트보다는 투명 페트가 훨씬 가치

지구 닦는 황 대리

나쁨	덜 나쁨	좋음

• 재활용이 어려움
• 일회용 제품
  (수저, 빨대, 종이컵,
  플라스틱 칫솔 등)
• 명절 선물 세트
• 패스트 패션
• 화장품 샘플
  (플라스틱)
	• 재활용이 쉬움
	• 재활용 가능 플라스틱
	• 보증금 병 음료
	• 일회용 마스크
	• 생분해 봉투
	• 대중교통 이용
		• 재활용이 아주 쉬움
		• 다회용 제품
		  (스테인리스 식기,
		  유기 용기, 텀블러,
		  손수건 등)
		• 다회용 마스크
		• 에너지 효율 1등급 제품
		• 자전거 타기, 걷기

← 이것만큼은 안 해!	내가 정한 기준에서	할 수 있는 만큼 하기 →

재활용되는 척하면서 재활용이 안 되는 것들

1. 부피가 작은 플라스틱류(칫솔, 빨대, 블록 등)
2. 실리콘 제품(젖병, 휴대 전화 케이스)
3. 수세미, 유색 스티로폼, 과일 포장재, 야외용 매트, 요가 매트
4. 기름종이, 종이 포일, 영수증, 코팅지, 생리대, 일회용 기저귀
5. 깨진 유리, 도자기, 화분, 크리스털 유리, 거울

가 높은 자원이다. 유색 페트는 다시 같은 색상끼리 모아야만 그 색상으로 재활용되고 자원으로 쓸 수 있는데 그런 과정이 번거롭다 보니 가치가 낮다. 그러니 둘을 고민할 일이 생긴다면 차라리 투명 페트를 쓰는 것이 낫다. 같은 관점에서 맥주를 마시더라도 재사용이라는 고효율의 수거·생산 시스템을 갖춘 병맥주를 마시는 것이 환경적으로 이익이 된다.

분리배출과 관련된 서적으로는 홍수열 박사의 《그건 쓰레기가 아니라고요》를 적극 추천한다. '재활용되는 척하면서 재활용이 안 되는

쓰레기'를 비롯해 우리가 버린 쓰레기들의 여행 경로를 아주 상세하게 기술했다. 스마트폰이 편한 세대는 '내 손안의 분리배출'이라는 앱을 사용하거나 2021년부터 시행된 재활용 등급제에 따라 라벨을 꼼꼼히 확인하고 '재활용 어려움' 등급을 되도록 구매하지 않는 것이 좋다. 이렇게 다양한 경로로 환경에 나쁜 제품 리스트를 정리하고 그것만큼은 쓰지 않으려는 자세로 접근하면 좋을 것이다.

나는 합성 플라스틱으로 만들어 썩지 않는 물티슈와 1년 정도 이별 중이다(플라스틱인 줄 몰랐을 때는 물티슈로 청소를 했다). 물티슈 대신 소창 행주와 휴지를 쓰고 있는데, 약간 불편하기는 해도 못 견딜 정도는 아니다. 더불어 대부분의 경우 재활용이 되지 않는 일회용 테이크아웃 컵이나 플라스틱 칫솔, 플라스틱 수저, 나무젓가락 등도 더는 사용하지 않는다. 텀블러, 대나무 칫솔, 개인 식기 등으로 충분히 대체할 수 있어서 이를 생필품처럼 들고 다니면 내가 만드는 쓰레기 정도는 줄일 수 있다.

넓게 바라보는 공부를 하면 사소한 부담과 고민을 조금이나마 덜 수 있다. 소, 돼지, 닭, 새우 중 무엇이 탄소를 더 많이 배출하는지 또는 환경에 더 좋지 않은지로 논쟁하기보다는 핵심인 육류·해산물 소비를 줄이면 된다고 생각하면 된다(소, 돼지, 새우, 닭 순으로 탄소 배출량이 많다고 하는데 그렇다고 해서 '그러면 닭은 괜찮겠네!' 하면 안 된다).

이런 데 익숙해지고 나서 '캔은 찌그러뜨려 버려야 하나, 비닐은 딱지처럼 접어야 하나' 등 소소한 궁금증이 생길 때는 선별장 환경을 상상해 보는 것도 좋다. 홍수열 박사에 따르면 "선별장에서는 작업자들

지구 닦는 황 대리

이 장갑만 끼고 거의 맨손으로 선별하니 원형 그대로 버리는 것이 좋다"고 한다. 군이 캔을 찌그러뜨리거나 비닐을 딱지처럼 접을 필요는 없는 것이다. 우리는 그동안 넓은 것은 간과하고 사소한 지식에만 얽매여 서로 옳다 그르다 다투며 에너지를 소모했는지도 모른다.

유연성을 기르라고 하더니 알아야 할 내용이 점점 어려워지는 건 아닌지 걱정하지 않아도 된다. 직장에 다니는 닭장의 만만한(?) 친환경 활동을 보면 이 정도는 나도 하겠다는 결심이 우뚝 설 것이다. 지식을 쌓을 때도 모든 준비가 끝나야 공부를 시작하는 분들이 있는데, 지금 시급한 것은 기후 위기 상황에서 조금이라도 빨리 벗어나는 것이다. 한마디로 속도다. 이 책을 다 읽기 전이라도 대나무 칫솔을 구매했다면 여러분의 실행력은 이미 합격점이다.

다시 한번 말하지만 개인마다 처한 상황이 다르다. 영업직으로 어쩔 수 없이 고객사를 접대하려고 고기를 매일 먹어야 할 수도 있고 의료업계에서 일하며 일회용 의료 비품을 써야 할 수도 있다. 이런 행동을 친환경의 잣대로 무조건 비판하는 것은 유연성이 없는 사고 방식이다. 현실과 친환경 사이에서 유연성을 가지고 에라밸(에코 라이프 밸런스)을 잘 유지하는 것이 중요하다. 나 역시 구매 업무를 하며 어쩔 수 없이 일회용품을 주문하고 샘플을 테스트하려고 물건을 샀다가 버리기도 한다. 그래도 그 안에서 균형을 유지하며 '이것만큼은 안 해!'라는 몇 가지 항목은 정해 두고 지킨다. 여러분도 그렇게 하면 좋겠다.

Long-term approach (장기적으로 접근하기)

한때 미니멀리즘이라는 말이 유행했다. 미니멀리즘의 사전적 정의는 단순함과 간결함을 추구하는 예술과 문화적인 흐름이다. 이는 예술적 기교나 각색을 최소화하고 사물의 근본, 즉 본질만 표현했을 때 현실과 작품의 괴리가 최소가 되어 진정한 리얼리티가 달성된다는 믿음에 근거한다.

이를 일상에 적용해 보면, 자신을 드러내기 위한 옷과 치장, 허례허식을 벗어 던지고 차분하게 내면을 살펴보는 것이다. 또는 휴식과 안정을 주는 집의 본연의 목적에 충실할 수 있도록 너무 많은 물건으로 채우지 않는 것 역시 미니멀리즘일 수 있다. 한동안 빈 공간이 가득한 옷장이나 책장, 간단한 가구 1~2개만 담긴 사진이 SNS를 장식했고, 서점에도 《단순하게 산다》,《정리의 마법》,《버리면 버릴수록 행복해졌다》처럼 비움의 미학을 강조하는 책이 쏟아졌다.

그런데 언제부턴가 미니멀리즘이 버리는 것을 강조하는 방향으로 흘러갔다. 낡거나 안 입는 옷을 빨리빨리 버리고 미니멀리즘스러운(?) 옷을 새로 장만하는 것으로 말이다. 사실 제로 웨이스트나 미니멀리즘에서 중요한 것은 물건을 버리는 것보다 꼭 필요한 물건만 사는 습관을 갖는 것이다. 갑자기 멀쩡한 옷을 몇 보따리 싸서 의류 수거함에 넣는 것이 미니멀리즘이 아니다.

친환경, 탄소 중립, 그린 뉴딜 등이 이슈로 떠오르면서 너도나도 이런 구호들을 부르짖는 묘한 세상이 되어 버렸다. 사실 탄소 배출이 많은 기업이라면 급작스럽게라도 바뀌어야 하는 것은 맞다. 최대한 빨리 화석 연료 개발을 줄이고 친환경 에너지로 방향을 바꿔야 하며, 패스트 패션도 하루라도 빨리 변화되어야 한다. 그래야 우리 모두가 생존할 수 있다.

하지만 개인은 조금 다르다. 갑자기 주변을 의식해서 플라스틱 칫솔을 다 버리고 대나무 칫솔을 쓸 필요는 없다. 이미 찬장을 가득 채운 텀블러를 쓰면 되지 친환경 기념으로 예쁜 텀블러를 새로 살 필요도 없다. 플라스틱 통에 세제나 샴푸가 남았으면 바로 짜서 버릴 것이 아니라 어떻게든 필요한 곳에 잘 써야 한다. 친환경 수세미, 고체 비누, 대나무 칫솔은 지금 쓰는 것이 떨어졌을 때 천천히 구매하면 된다.

우리 부부는 거북이 코에 플라스틱 빨대가 낀 영상을 보기 일주일 전에 사둔 1+1 대용량 세제를 2년이 지나서야 다 썼다. 고체 비누가 궁금해 병행해서 쓰느라 좀 늦어지긴 했지만, 세제를 다 썼을 때의 희열이란! 내가 사는 공간에서 하나씩 플라스틱이 사라질 때 느끼는 정서적 안정감이 바로 미니멀리즘이다.

서두르지 않아도 된다. 군이 필요 없는데도 일단 쟁여 놓기 위해 1+1 상품을 사고 보는 습관을 먼저 끊어 내고, 친환경 물품은 천천히 구매해도 된다. 이번 달까지 집에 있는 물품을 모두 친환경으로 바꾸겠다는 계획은 세우지 않았으면 좋겠다. 물론 마음만큼은 환영이다.

지구를 닦는 친환경 습관은 최소 10년 이상 장기적으로 익혀야 하는 것이다. 이런 습관이 잡히기 전에 물품만 바꾼다면 일관성과 지속성을 갖기 어렵다. 자칫하면 대나무 칫솔을 쓰면서 청소는 물티슈로 하는 모순적인 사람이 될 수도 있다. 혹은 이런저런 불편함을 핑계로 다시 플라스틱 왕국으로 돌아갈지도 모른다.

그렇기에 천천히 접근하면 좋겠다. 나의 소비 습관과 나를 둘러싼 플라스틱 환경을 천천히 살펴보고, 자신이 있는 것부터 하나씩 바꿔 나가면 된다. 그렇게 바꾼 습관이 10년, 20년 이어지면 우리 아이들이 평생 마스크를 쓰고 사는 걱정을 안 해도 되는 세상이 오지 않을까?

Love yourself(자신을 사랑하기)

와이퍼스를 운영하다 보면 종종 닦원들의 하소연을 듣는다.

"요즘 너무 게을러져서 쓰레기도 못 줍고, 고기도 마구 먹는 것 같아 죄책감이 들어요."

"가족들이 동참을 안 해서 서서히 지치는데 어떻게 해야 하나요?"

이런 질문을 받을 때마다 마음이 아프다. 보통 이런 연락을 하는 회원들은 누구보다 환경에 진심인 경우가 많다. 널리 알려지지 않더라도 자기 자리에서 묵묵히 최선을 다해 실천하는 분들이다. 그렇기 때문에 이분들이 이렇게 연락할 때는 번아웃이 될 정도로 열심히 활동하다가 몸과 마음이 지친 경우가 많다.

나는 지금까지 이분들의 과분한 응원과 격려에서 에너지를 얻어왔다. 그래서 어떻게든 이분들의 마음을 잘 어루만지고 응원하고 싶다. 부족하겠지만 안부를 묻고 응원을 하려고 통화를 하거나 마음을

지구 닦는 황 대리

담아 문자를 보낸다.

　이분들에게 가장 필요한 것은 칭찬과 격려이다. "정말 잘하고 있어", "이미 충분히 멋져" 같은 응원으로 자존감을 높여 주어야 한다. 이상하게 우리는 칭찬하기보다 비난하고 흠집 잡는 데 더 익숙하다. 환경에 관심을 가지고 행동으로 옮기는 대한민국 상위 10% 이내의 실천가라면 주변에서 칭찬과 격려가 쏟아져야 하는데 그렇지 못한 경우가 많다. 특히 가장 힘이 되어야 할 가족들이 협조하지 않거나 외려 화를 내면 그 스트레스는 엄청나다.

　지속 가능한 환경 활동을 하려면 강한 지구력이 필요한데, 이를 위해서는 먼저 자신을 사랑하는 자세가 필수적이다. 이전보다 더 잘하게 된 데 초점을 맞춰 리스트를 작성하고, 이를 바탕으로 자신에게 '잘했다', '대단하다'는 칭찬을 해 주어야 한다. 이 과정이 선행되지 않으면, 다른 사람의 칭찬도 제대로 받아들일 수 없게 된다. 그리고 자신을 사랑하는 데에 익숙해졌다면 좋은 일을 했을 때는 반드시 주변에 자랑해야 한다. 쓰레기를 주운 것도 좋고, 대나무 칫솔을 산 것도 좋고, 봉사 활동을 한 것도 좋고, 육식 대신 채식을 한 것도 좋고, 뭐든 좋다. 가족이 호응해 주지 않는다면 친구에게, 친구가 안 해 준다면 지인에게, 그것도 안 된다면 SNS에 계속 자랑하자. 칭찬받아 마땅한 것을 감추고 점점 지쳐서 남들의 지적에 상처만 받으면 가장 크게 손해를 보는 건 자기 자신이다.

　다행히 와이퍼스에서는 500명이 넘는 닦원이 언제든 여러분의 환경 활동을 응원할 준비가 되어 있다. 어떤 실천기라도 올리기만 하면 닭장을 비롯한 닭원 모두가 박수를 치며 응원과 격려를 아끼지 않는다. 이것이 다른 단체나 모임보다 와이퍼스가 따뜻한 이유이다.

자신을 아끼고 사랑해야 다른 사람의 활동과 실천도 응원해 줄 수 있다. 내가 그들을 응원하면 그들은 새로운 에너지를 얻고 지속적으로 선한 영향력을 전할 수 있다. 자존감이 너무 낮아지고 에너지가 떨어지면 자신의 활동을 다른 사람들과 비교하며 나의 부족한 점만 보게 된다. 최소한 환경 활동에서는 긍정적 비교만 해야 한다. 다른 사람의 환경 실천에 박수를 보내고 나 역시 따라 할 수 있는 만큼 해 보는 자세가 필요하다.

혹시 자신을 사랑하기 위한 에너지가 조금이라도 부족하다고 느껴진다면 언제든 와이퍼스의 문을 두드리거나 닭장에게 연락하면 된다. 때와 장소를 가리지 않고 적극적으로 응원과 격려를 보낼 테니 말이다.

이렇게 3L을 통해 마음을 잡았다면 그다음으로 중요한 것은 무엇일까? 바로 시작하는 것이다. 환경 활동에서 가장 중요한 것은 짧게 고민하고 뭐든지 직접 해 보는 자세이다. 쓰레기를 줍는 것도 좋고, 일회용품을 줄이는 것도 좋고, 육식을 줄이는 것도 좋고, 대중교통이나 자전거를 이용하는 것도 좋다. 지금부터 소개하는 만만한 환경 활동에 대한 팁 중 할 만하다고 생각하는 것은 바로 시작하자. 굳이 책을 다 읽을 필요도 없이 바로 행동하면 된다. 그렇게 지구는 하루라도 더 빨리 깨끗하고 건강해질 것이며, 여러분 삶도 분명 그러할 것이다.

지구 닦는 황 대리

누구나 부담 없이 시작하는
친환경 생활 습관

집에서 실천하기

집은 남의 눈치를 보지 않고 자신의 라이프스타일을 실천하기에 가장 좋은 공간이다. 그래서 집에서라도 꼭 지구와 미래에 보탬이 되는 친환경 생활 습관을 들이면 좋겠다. 주방부터 욕실, 거실에 이르기까지 집에서 할 수 있는 것이 정말 많다. 다시 한번 말하지만, 나는 제로 웨이스트를 정말 잘하는 분들과 비교하면 초보적인 수준이다. 여기 소개하는 것들을 만만하게 보고 실천하면 좋겠다.

집에서 친환경 라이프스타일로 바꾸려면 먼저 자신의 상황을 정확하게 알 필요가 있다. 먼저 집에서 쓰는 물품 중 플라스틱은 모두 적어 본다. 그리고 그것들을 어떻게 바꿔 나갈지 고민해 보자. 특히 사용 주기가 빠른 것부터 대체재를 찾는 것이 좋다. 대체재를 찾는 것은 생각보다 재미있다. 집에서 쓰는 물건들이 하나하나 친환경 물품으로 대체될 때 분명히 뿌듯함을 느낄 것이다.

입문 추천 아이템! 대나무 칫솔과 고체 치약

1부에서 이야기했던 대로 이것은 내가 가장 처음 시도한 친환경 물품이다. 하루에 최소 두세 번은 사용하는 것이 칫솔이다. 그런데 우리가 쓰는 플라스틱 칫솔은 재활용이 될까? 플라스틱 칫솔은 어떤 소재로 만들어졌는지 알 수 없기 때문에 재활용이 되지 않는다. 게다가 쉽게 썩지도 않는다. 우리가 한 번이라도 쓴 칫솔은 지금도 지구 어딘가에 있다는 말을 들은 적이 있다. 제대로 버리지 않았다면 아직도 쪼개지는 미세 플라스틱으로, 제대로 종량제 봉투에 버렸다고 해도 플라스틱을 태우면서 나오는 유해 물질로 우리 주변 어딘가를 계속 떠돌고 있을 것이다.

대나무 칫솔은 플라스틱 칫솔의 훌륭한 대체재다. 칫솔모는 일반 칫솔과 비슷하니 자기에게 맞는 것을 고르면 되고, 버릴 때는 칫솔모는 따로 버리고 몸통은 자연으로 돌려주거나 종량제 봉투에 버리면 된다. 최소한 칫솔에서 나오는 플라스틱은 줄일 수 있다. 전 국민이 모두 대나무 칫솔만 쓴다고 해도 1년이면 우리나라에서만 플라스틱 칫솔 쓰레기를 약 2억 개나 줄일 수 있다.

여기에 보너스로 고체 치약이나 가루 치약을 쓰는 것도 훌륭한 방법이다. 대부분 튜브에 담긴 치약을 쓸 텐데, 튜브는 내부를 깨끗이 세척하기도 어려울뿐더러 아무리 깨끗하게 세척해서 버린다고 해도 크기가 작고 어떤 재질인지 몰라 결국 선별장에서 일반 쓰레기로 버려진다. 아무리 잘 버려도 플라스틱 쓰레기일 뿐이다.

따라서 제로 웨이스트 가게에서 고체 치약을 사거나 비용이 부담된다면 인터넷을 뒤져서 직접 가루 치약을 만드는 것도 대안이 될 수 있다. 죽염, 자일리톨, 식용 베이킹 소다를 1:1:1로 섞어도 되고, 개인 취향에 맞게 만들어도 된다. 가장 중요한 건 어떻게든 플라스틱을 안 쓰겠다는 간절한 마음이다.

진짜 수세미가 이렇게 생겼구나!

환경에 관심을 갖기 전까지 수세미라고 하면 마트에서 파는 모든 수세미 종류를 통칭하는 줄 알았다. 무식하다고 놀리는 사람도 있겠지만 정말 그랬다.

제로 웨이스트 가게에서 진짜 수세미를 처음 보았을 때 새로운 문명을 접한 것 같았다. 와, 수세미가 이렇게 생겼다니! 게다가 열매라니. 열매를 말려서 껍질을 벗기면 누리끼리한 속살이 나오는데 이것이 바로 수세미다. 몽둥이처럼 생긴 수세미를 보고 있자니 대체 30년 넘게 무엇으로 그릇을 닦았나 싶었다.

수세미가 좋은 이유는 자연에서 온 천연 제품이기 때문이다. 우리가 보통 쓰는 수세미는 대부분 플라스틱 소재로 만들었다. 그러니 썩지 않을뿐더러 의도치 않게 섭취한다면 유해하다. 겉으로 봤을 때만 멀쩡해 보일 뿐이지 주방의 습기 많은 곳에 두기 때문에 세균이 득실거릴 수밖에 없다.

그러나 자연에서 온 수세미는 플라스틱을 함유할 수 없다. 아무리 써도 미세 플라스틱이나 유해 물질이 나오지 않는다. 한 번 쓰기 시작하면 도저히 기존에 쓰던 아크릴 수세미들은 소름이 돋아서 쓸 수 없게 된다. 다른 것도 아니고 우리 입에 닿는 그릇을 플라스틱으로 닦았다니. 모를 땐 괜찮았어도 알고 나면 당연하게 느껴지지 않는다.

몽둥이처럼 생긴 국산 수세미 하나는 대략 5,000~7,000원 정도 한다. 3~4등분해서 쓸 수 있으니 개당 금액은 2,000원 정도인 셈이다. 원하는 만큼 등분하고 안쪽의 딱딱한 심지를 자르면 부드러운 일반 수세미처럼 쓸 수 있다. 안에서 검정 씨가 투두둑 떨어질 수도 있다. 이물질이 아니니 놀라지 말자. 대부분 판매하는 수세미는 촉감이 부드럽도록 한 번 물에 삶아 나온다. 만약 그냥 물에 씻어 말려 나온 수세미라면 씨를 텃밭에 심어 수세미를 키워 볼 수도 있다. 천연 수세미를 쓰다 보면 분명히 느낄 것이다. 자연 그대로의 감촉은 익숙해질수록 마음을 편하게 해 준다는 것을.

한 가지 주의할 점은 모든 친환경 물품이 그렇듯이 습기에 오랜 시간 노출되면 금방 썩는다는 것이다. 그래서 설거지를 마친 후 볕이 잘 들고 통풍이 잘되는 곳에 두면 오랫동안 쓸 수 있다. 친환경 삶을 살겠다고 마음먹었다면 썩는다는 것은 자연으로 돌아갈 준비를 하는 것으로 봐야 한다. 외려 썩지 않고 우리 미래를 옥죄는 것이 더 위험하다.

오늘이라도 제로 웨이스트 가게를 찾아 수세미부터 사 보자. 주방의 품격이 달라진다!

삶아서 쓰는 소창 행주로 주방을 하얗게!

수세미와 마찬가지로 주방에서 많이 쓰는 것이 행주이다. 행주라는 말을 들으면 가장 먼저 떠오르는 색상은 무엇인가? 나에겐 분홍색과 노란색이다. 천연 수세미가 뭔지도 몰랐던 나는 이 강렬한 색상의 행주가 걸려 있어야 제대로 된 주방이라고 생각했다. 그 행주가 바로 합성 섬유로 만들었다는 걸 모르고 말이다. 야금야금 닳은 행주의 유해 물질은 바다로 흘러가거나 우리 몸으로 들어온다.

우리 집에서는 손수건, 행주, 걸레 모두 소창으로 만든 것을 쓴다.

지구 닦는 황 대리

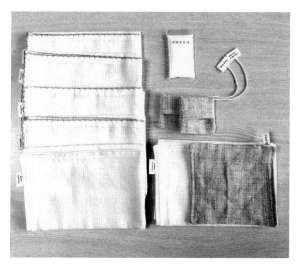

소창으로 만든 손수건과 소품들

같은 제품을 사서 용도별로 나눠 쓴다. 생각해 보면 손수건, 행주, 걸레 다 똑같은 재질을 써도 되는데 행주는 굳이 이런 색상이어야 한다는 인식이 왜 생겼을까? 지금은 소창에 빠져서 한 달에 한두 번 소창 삶는 즐거움을 경험하고 있다.

소창의 장점은 미세 플라스틱 위험이 전혀 없다는 것, 통기성이 좋아서 엄청 빨리 잘 마른다는 것이다. 처음 소창을 샀을 때 약간 누리끼리한 색상에 다소 뻣뻣하고 물기도 잘 흡수하지 못했다.

하지만 소창의 이런 모습은 잠시뿐이다. 찬물에 30분 정도 담가서 풀기를 제거하고 10~20분 삶아 말리면 뽀송뽀송하게 새로 태어난다. 삶으면 삶을수록 부드러워지고 과탄산소다를 넣고 삶으면 하얗게 변한다(이런 표백 과정이 꼭 필요한 건 아니다). 쓰면 쓸수록 손에 익숙해지는 나만의 행주 같은 느낌이 든다.

나는 주방에 행주를 2개 놓고 하나는 선반이나 주방 기구 청소용으로, 다른 하나는 손을 닦거나 설거지가 끝난 식기를 닦는 용도로 쓴다. 한 달에 두 번 정도 끓는 물에 10분쯤 삶으면 세균 위험도 없애고 미세 플라스틱 위험에서도 자유로울 수 있다. 미세 플라스틱 섭취량은 이런 소소한 습관과 실천에 따라 충분히 달라질 수 있다.

다른 건 몰라도 소창만큼은 내키는 만큼 충분히 사길 추천한다. 지나칠 정도가 아니라면 소창은 다다익선이라는 말이 딱 맞는 제품이다. 한번에 삶기도 편하고 손수건, 행주, 걸레 심지어 아기 수건으로 용도가 다양하다. 이제 주방에서 점점 플라스틱이 사라져 가는 것이 보이는가?

위생 백 대신 밀랍 랩과 반찬 통!

주방 물품 가운데 위생 백은 남은 물건을 보관하거나 재료를 소분해 담을 때 자주 쓰는 제품이다. 텔레비전에서 살림 9단이라고 소개되는 이들이 위생 백을 엄청나게 쓰는 경우를 볼 수 있다. 자기 집과 냉장고를 깔끔하게 정리하는 나름의 노하우이겠지만 일회용품을 마구 쓰는 것을 살림 팁이라고 홍보하는 매체를 보면 마음이 편치 않다.

위생 백도 플라스틱이다. 비닐봉지가 영어로는 'plastic bag'이다. 우리 부부는 위생 백을 쓰지 않은 지 1년이 넘었다. 굳이 쓸 이유가 별로 없고 어쩌다가 얻어 오는 비닐봉지만으로도 이미 충분하기 때문이다. 그래서 2017년에 구매한 랩이 아직도 절반 이상 남아 있다. 앞

야채를 밀랍 랩에 싸서 보관하면 좋다

으로 30~40년 더 보관하면서 비닐이 50년이 지나도 멀쩡히 남아 있는지 확인해 볼 생각이다.

그렇다면 위생 백을 대체할 만한 물품은 뭐가 있을까? 나는 밀랍 랩과 반찬 통을 추천한다. 밀랍 랩은 말 그대로 소창과 광목 같은 천연 직물에 식용 가능한 밀랍 왁스를 입혀서 만든 랩이다. 음식물을 감싸고 손으로 잠시 쥐고 있으면 체온으로 랩끼리 달라붙어서 고정된다. 밀랍 랩의 장점은 여러 번 사용할 수 있고 접착력이 떨어졌을 때 왁스만 덧입히면 반영구적으로 쓸 수 있다는 것이다. 특히 호박이나 가지 같은 채소류를 보관하기에 안성맞춤이다.

육류나 생선 또는 양념된 것들은 반찬 통을 이용하는 것이 좋다. 집에서 인스턴트나 육류, 냉동 식품을 섭취하는 횟수가 줄다 보니 밀랍 랩과 반찬 통으로 충분하다. 아마 이 정도로만 주방에서 플라스틱을 줄이려고 노력해도 1년 동안 생산하는 쓰레기양이 엄청나게 줄 것이다. 양이 크게 줄지 않았다고 해도 자연과 인간에게 좋지 않은 것을 많이 줄였으니 충분히 의미가 있다.

물티슈는 종이가 아니라 플라스틱이에요

청소는 적어도 일주일에 한 번은 하게 되는데, 나 또한 전에는 모두 상상하는 그것, 바로 물티슈로 청소를 했다. 아마 해 본 사람들은 알 것이다. 혼자 원룸이나 1.5룸 정도에 산다면 물티슈는 정말 훌륭한 청소 도구이다. 적당히 촉촉하고 쉽게 찢어지지 않아서 박박 문지르기도 좋다. 집이 넓지 않다면 물티슈 20장으로 집을 반짝반짝 청소할 수 있다. 물티슈에 형광 표백제나 몸에 안 좋은 게 들어 있을지도 모른다는 염려도 약간 있었지만, '위생=물티슈'라는 인식이 있어서 그런지 물티슈로 청소하면 뭔가 깨끗해진 느낌이 있었다. 딱 쓰고 버리기도 좋고 말이다.

그런 물티슈가 플라스틱이라는 사실은 정말 충격적이었다. 대체 플라스틱은 우리 일상 어디까지 파고들어 있을까? 어쩐지 쫀쫀하고 안 찢어져서 청소하기 딱 좋았는데 플라스틱이라서 그랬던 것이다. 지금까지 매주 청소하는 데 물티슈를 20장씩 썼다면 나는 해마다 물티슈를 1,000장 넘게 쓴 것이다. 청소하는 데만 말이다.

환경에 관심을 갖고 물티슈도 플라스틱이라는 것을 알았을 때 마침 우리가 쓰던 청소기가 고장 났다. 13만 원짜리 제품을 고치는 데 수리비만 9만 원을 달라고 해서 가전 제품 수거 센터로 보냈다. 청소기를 꼭 사야 하나 고민하다가 빗자루와 작은 핸디 청소기 하나를 장

만했다. 어차피 쓰다가 버릴 거라면 배출하는 플라스틱을 조금이라도 줄이고 싶었다. 그래서 지금은 빗자루로 쓸고, 핸디 청소기로 빨아들인 후 소창 걸레로 바닥을 닦는다. 조금 불편할 때도 있지만 빗자루의 수명은 분명 청소기보다 길 테니 이것이 맞다는 결론을 내렸다.

나중에 아이가 생겨서 정말 일손이 딸리면 그때 청소기를 살지 말지 고민해 봐야겠다. 하지만 지금 당장은 큰 불편을 느끼지 못한다. 자리를 차지하는 가전제품보다는 오랫동안 고장 없이 쓸 수 있는 빗자루가 훨씬 내 마음을 편하게 해 준다.

잠깐 이야기가 청소기로 빠졌는데 중요한 사실은 물티슈는 플라스틱이라는 것이다. 청소할 때는 물론 다른 때에도 가급적 사용하지 않고 대안을 찾아보면 좋겠다. 딱 두 달만 해 보면 좋겠다. 생각보다 몸은 금방 적응할 테니 말이다.

액체 세제와 액체 비누는 정말 고체보다 좋나?

액체 대 고체. 모든 성분이 비슷하다고 가정했을 때 여러분은 어떤 형태를 쓰겠는가? 펌프가 달린 주방용 세제를 다 쓴 날 나는 이제 우리 집에 액체 세제나 액체 비누를 두지 않기로 했다. 잠깐 고민해 봐도 액체가 고체보다 좋을 이유가 거의 없기 때문이다.

가장 쉽게 접근해 보자. 모든 성분이 비슷하다고 가정했으니 액체 세제는 고체 세제에 물을 부어서 녹인 것이다. 고체가 액체에 녹아 있는 상태라고 보면 된다. 여러분이 아는 상식에서 물에 닿는 것과 닿지 않은 것 중 무엇이 더 빨리 상하는가? 감자나 양파 같은 것들이 습기

고체 비누는 작게 잘라서 쓰면 된다

가 많은 곳에 보관하면 훨씬 더 빠르게 썩는 것처럼, 세제도 고체보다 물에 녹아 있는 것들이 훨씬 더 빨리 썩는다. 그러니 그만큼 방부제가 더 들어갈 수밖에 없다.

액체는 무조건 용기가 있어야 한다. 우리가 사는 샴푸, 세안제, 주방 세제는 대부분 플라스틱 용기에 담겨 있고 입구에는 편의를 위해 펌프가 달려 있다. 여기서 두 가지 문제가 추가로 발생한다. 플라스틱 용기는 눈으로 어떤 소재인지 구분하기 어려우니 당연히 선별장에서 분류되기 어려울 테고, 펌프는 스프링이 들어가 있어 분리배출하면 안 된다. 종량제로 버려야 하는 쓰레기인 것이다.

성분이나 쓰레기 문제를 따져 보면 고체를 쓰는 것이 맞다. 물론 본인이 제로 웨이스트 가게를 매번 방문해 세제를 리필해서 쓴다면 괜찮다. 나 역시 다른 것은 모두 고체를 쓰지만, 세탁용 세제는 제로 웨이스트 가게에서 유리병에 리필해서 사용한다. 한 달에 한 번 정도만 방문해서 리필해도 살림하는 데 전혀 불편함이 없다.

최근에는 고체 비누와 고체 샴푸, 설거지 바를 파는 업체도 많아졌다. 나 역시 처음에 어떤 제품이 좋을지 테스트해 보기 위해 5명이 공

지구 닦는 황 대리

동 구매해서 조각 내서 써 봤다. 그렇게 나에게 맞는 제품을 하나씩 찾아가는 즐거움도 있지만 가장 기쁜 것은 쓰고 나면 플라스틱 쓰레기가 남지 않는다는 것이다. 그 덕분에 피부도 좋아지고 있다. 여러분도 빨리 고체의 세계로 넘어오면 좋겠다.

 욕실에서 고체 비누 편리하게 쓰는 법

아무래도 세면대에 고체 비누를 놓고 쓰면 바닥에 눌러 붙는다. 그래서 액체를 써야 한다고? 아니다! 너무 쉽게 이 문제를 해결할 수 있다. 비법은 바로 고무줄이다! 고무줄 2개만 비누 받침에 엮으면 훌륭한 지지대가 된다. 비누가 고무줄로 지탱할 수 없을 만큼 작아지면 새 비누를 붙여 쓰면

고무줄 2개로 만든 비누 지지대

된다. 세면대도 깔끔하게 쓰면서 쓰레기도 만들지 않는 방법이다. 습관처럼 쓰고 버리던 플라스틱 통과 펌프는 고무줄 2개면 영원히 이별할 수 있다.

에어컨 대신 아이스 팩 쓰면, 전기 요금 걱정 끝!

이제 공과금 이야기를 해 보자. 특히 전기 요금에 대해 허심탄회하게 말해 보자. 여름이면 전기 요금 때문에 부들부들 손을 떨면서도 켜는 에어컨. 아낀다고 아꼈는데 5만~10만 원이 훌쩍 넘는 전기 요금 때문에 고민이 많은가? 나도 추위보다 더위를 많이 타는 체질이다.

철이 없을 때는 외출했다가 돌아왔을 때 잠깐 더운 것도 싫어서 에어컨을 켜 놓고 다닐 정도였다.

지금 살고 있는 집은 전용 면적 62㎡(19평) 빌라이다. 2020년 3월에 이사 왔는데, 1년 정도 친환경 습관을 몸에 익힌 뒤였다. 우리 집 평균 전기 요금은 약 1만 원이다. 텔레비전 수신료를 빼면 8,000~9,000원 정도 나오는 셈이다. 이 집에는 우리가 이사 오기 전에도 신혼부부가 살았다. 똑같이 2인 가구 기준으로 우리 부부는 이전 세대보다 30% 수준의 전기 요금만 나온다. 사람이 살고 있는 게 맞느냐는 질문도 받았을 만큼 우리 부부는 미래 세대의 자원을 아끼려고 노력한다. 매달 2만~3만 원 정도 비용을 아끼는 것인데, 지금부터 그 팁을 공유하려고 한다.

먼저 전원형 멀티탭을 이용하여 사용하지 않을 때는 선기를 모두 꺼서 대기 전력을 줄인다. 가전제품은 에너지 등급 1등급이 아니면 사지 않는다. 이것만 잘 지켜도 지역 평균보다 전기 요금이 덜 나올 것이다. 하지만 이걸로는 조금 부족하다. 전기 요금 절감에 꼭 필요한 에어컨과 더위 이야기를 해야 한다.

앞서 말했듯이 나는 더위를 많이 탄다. 땀이 주르륵 흐르는 정도는 아닌데 엉덩이와 하체 쪽에 땀이 많다 보니 조금만 더워도 침대 패드가 축축하게 젖어 몸에 달라붙는다. 그래서 에어컨 없이 여름을 지낸다는 것은 상상도 할 수 없는 일이었다.

그런데 2년 전부터 미래 세대에 조금이라도 덜 부끄럽기 위해 진지하게 대안을 고민했다. 에어컨이 전기를 많이 소비하고, 아직 국내 전기는 대부분 화석 연료로 만들어지는데, 미래 세대를 위해 잠도 제대로 못 자고 견디는 게 과연 올바른 삶인가? 열만 뿜어 대는 선풍기를 하염없이 바라볼 뿐이었다. 이럴 거면 차라리 냉장고에서 자는 게 낫겠다는 생각을 하다가 불현듯 냉동실에 있는 아이스 팩이 생각났다. 이 얼마나 놀라운 발견인가. 아이스 팩이 없는 집은 아마 없을 것이다. 이것을 수건이나 소창 손수건으로 감싸서 안고 자니 생각보다 견딜 만했다.

그래서 다음 날부터는 잠들기 10분 전쯤 아이스 팩 2~3개를 이불 속에 미리 넣어 두었다. 자려고 이불 속으로 들어가면 냉기가 가득했고 당장 잠드는 데 큰 문제가 없었다(물론 자고 일어나면 땀 범벅이다). 그렇게 심각한 더위가 아니라면 에어컨은 이틀에 하루 정도만 틀었고, 그마저도 길어야 1~2시간 안팎이었다. 돈 때문에 그런 건 절대 아니다. 다만 어느 순간부터 에어컨의 인위적인 냉기가 거북해졌고, 미래 아이들에게 미안했다.

물주머니

이런 맥락에서 겨울에는 따뜻한 물주머니를 안고 잔다. 원래 온수 매트를 사용했는데 고장 나서 버릴 때 쓰레기양을 보고 다시는 사지 않겠다고 다짐했다. 그래서 따뜻한 물주머니를 껴안고 아내와 꼭 붙어서 잔다. 서로 체온에 의지하면서 말이다. 전에는 못한다, 못 견디겠다는 말을 쉽게 했던 것 같다. 대안을 찾고 익숙해지면 할 만한데 말이다. 내 아이의 미래를 고통 속으로 내몰면서까지 '절대' 지켜야 하는 편의가 아니라면, 지금 무엇을 양보할지 매일 고민하고 실천해야 한다. 남은 시간이 많지 않다.

음식물 쓰레기, 자연에는 가장 깨끗한 쓰레기

사람들에게 가장 치우기 싫은 쓰레기가 무엇인지 물어보면 1등이 음식물 쓰레기다. 결혼한 친구들은 대개 음식물 쓰레기 배출을 담당하는데, 너무 힘들다고 하소연할 때가 있다. 하지만 냄새 나서 손으로 잡기도 싫은 이 음식물 쓰레기가 자연의 관점으로 보았을 때 가장 깨끗한 쓰레기인 것을 아는가?

대부분 폐기물이나 탄소 배출은 개인보다 기업의 영향이 더 큰데, 음식물 쓰레기는 70% 정도가 음식점과 가정집을 포함한 개인이 배출한다. 그래서 개인의 노력 여하에 따라 쓰레기를 줄이는 효과가 크다. 음식물 쓰레기는 쓰레기가 되기 직전까지는 음식이었다. 자연에서 온 쓰레기이므로 천연 수세미나 대나무 칫솔처럼 다시 자연으로 돌아갈 수 있다. 그런데 어떻게 자연으로 보낼 수 있을까? 큰 정원 없이 이런 음식물 쓰레기를 다시 자연으로 돌려보내는 것이 가능할까?

나는 항아리를 이용해 음식물 퇴비함을 만들었다. 1년 전에 시작했는데 혹시 더운 여름에 퇴비함에서 냄새가 나거나 벌레가 생기지 않을까 걱정되어 꼬박 1년을 해 보고 나서야 팁으로 공유하게 되었다.

지구 닦는 황 대리

결론부터 말하면 충분히 가능하다.

준비물은 간단하다. 항아리와 소독된 흙 그리고 광목이나 소창처럼 통풍이 잘 되는 천을 준비한다. 항아리 안에 흙을 절반 정도 채우고 천으로 입구를 봉한다. 밖에서 흙을 퍼 오면 곤충 알이 섞여 있을 수 있으니 화훼 가게에서 소독된 흙을 사는 게 좋다. 준비는 이것으로 끝이다. 육류를 빼고는 달걀 껍데기를 포함해 대부분 퇴비화할 수 있다. 특히 카레를 해 먹으면 감자와 당근 껍질이 나오는데 이런 채소 음식물 쓰레기를 처리하기에 제격이다.

먼저 퇴비로 만들려는 음식물 쓰레기를 2cm 이하로 잘게 자른다. 물기는 있어도 상관없다. 퇴비함에 잘게 자른 음식물 쓰레기를 넣고 매일 저어 준다. 항아리 뚜껑은 공기가 안 통해 썩으면 냄새가 날 수 있으니 꼭 공기가 잘 통하는 천으로 덮어야 한다. 처음 2주 정도는 음식물 쓰레기를 넣어서 매일 저어 주고 이후 2주 동안은 음식물 쓰레기를 넣지 않고 매일 저어 준다. 그러다 보면 점점 퇴비함에 넣은 음식물 쓰레기가 작아지는 기적을 경험하게 된다(단, 2주 동안 넣는 음식물 총량이 흙 총량의 2분의 1이 넘지 않게 한다. 흙이 썩을 수 있다).

나는 퇴비함으로 최소 50L 이상의 음식물 쓰레기를 퇴비화하는 데 성공했다. 육식을 줄이는 습관도 퇴비함을 사용하는 데 도움이 되었다. 그 전에는 육류 중심 식습관 때문에 상대적으로 퇴비로 만들 만한 것이 별로 없었는데, 채식을 지향하면서 퇴비로 만들 재료도 많아졌다. 당연히 그만큼 음식물 쓰레기로 배출하는 양이 줄었다. 이처럼 모든 친환경 습관은 유기적으로 물려서 돌아갈 때 시너지가 더 크다.

많은 사람들이 퇴비함에서 냄새가 날까 봐 걱정을 하는데, 생각 외로 음식물 쓰레기 냄새는 전혀 안 나고 흙 내음만 가득하다. 매번 눈살을 찌푸리게 하던 음식물 쓰레기가 퇴비함을 만나 외려 힐링을 주는 재료로 바뀐 것이다. 이렇게 만든 흙은 주말 농장에서 비료로 써도 되고, 흙이 필요한 다른 곳에 사용하면 된다. 다만, 실내 작물 분갈이용으로는 사용하지 않는 것이 좋다. 눈에 보이지 않는 음식물이 남아 있는 경우 벌레가 생겨 식물이 시들 수 있다.

퇴비함을 만들어 무심코 버리던 쓰레기가 자연의 양분이 되는 경험을 해 보면 좋겠다. 아이들이 있으면 이 흙으로 촉감 놀이를 해도 좋다. 자연만큼 좋은 놀이 도구는 없으니 말이다. 게다가 그렇게 비싸지도 않다.

만약 항아리 퇴비함이 부담된다면 미생물 퇴비함을 사는 것도 한 방법이다. 적절한 온도와 습도를 유지해서 항아리를 쓰는 것보다 훨씬 더 빠르게 분해된다. 하지만 싱크대에 설치하는 음식물 쓰레기 분쇄기는 절대 사용하면 안 된다. 물리적으로만 잘게 쪼개진 음식물이 그대로 바다로 유입되어 해양 생태계에 재앙이 된다. 최근 업체에서는 이 제품이 법적으로 문제가 없다고 광고하며 열심히 판매하지만 금지 법안이 지속적으로 발의되고 있어 사용자는 언제라도 위법자가 될 수 있다. 법을 떠나서 하수도 부하를 처리하기 위해 혈세가 낭비되고 심각한 수질 악화를 불러올 가능성이 크다. 내가 내는 세금이 엉뚱한 데 쓰이는 게 아깝고, 오래도록 깨끗한 바다를 즐기길 원한다면 음식물 쓰레기는 지자체에서 정한 방식으로만 버리는 게 옳다.

지구 닦는 황 대리

분리배출, 기본만 잘하면 된다

분리배출은 앞서 다루었기 때문에 간단히 언급하고 넘어가려고 한다. 앞서 말한 대로 우리나라의 분리배출 참여율은 높은 편이다. 하지만 실제로 재활용되는 비율은 약 34%로 매우 낮은 수준이다. 심지어 선별장 이야기에 따르면 10%대라고 한다. 10개를 재활용으로 분리배출해도 실제로 다시 자원으로 사용되는 것은 1~3개뿐이라는 말이다.

그럼 분리배출은 어떻게 해야 잘하는 것일까? 분리배출의 기본 원리는 잘 씻고, 잘 분류해서, 최대한 단일 소재로 배출하는 것이다. 여기에 홍수열 박사의 의견을 하나 더 붙이면, 선별장에서 선별하기 좋게 버리는 것이다. 과자 봉지나 라면 봉지를 딱지 접듯 접어서 버리지 말고, 캔도 찌그러뜨릴 필요가 없다. 페트병만 찌그러뜨려 뚜껑을 닫고 배출하면 된다. 굳이 링을 뺄 필요도 없다.

사실 분리배출은 좋은 제품을 사는 데서 시작된다. 최근에는 재활용 등급 표시제가 의무화되어 라벨에 이 제품의 재활용이 얼마나 잘되는지 소비자도 쉽게 확인할 수 있다. 이로써 수십 년간 유색 페트병을 고집하던 사이다 브랜드도 무색 페트병으로 바뀌었고, 아예 라벨이 없는 생수도 나왔다. 이것이 정책의 힘이다.

분리배출을 하려고 분리 작업을 하는데 불편한 점이 있다면 어떻게 해야 할까? 끈끈이가 너무 안 떨어진다거나 소재를 알 수 없는 포장재가 쓰였다면 말이다. 이때는 가장 먼저 고객 센터에 꼭 문의해야 한다. 나는 파스타 용기의 끈끈이가 너무 강력해서 이 문제를 해결해 달라고 해당 업체에 두세 번 문의했다. 용기 라벨 하나 떼겠다고 물을 끓이고 헤어 드라이기와 키친타월, 식용유와 세제까지 동원해야 하는 게 정상인가? 문의를 남기고 1년을 기다려도 아무 변화가 없어서 사용하는 제품 브랜드를 바꾸었다. 우리는 행동해야 한다. 1~2명이 지적하고 그 제품을 사지 않는다고 해서 무슨 변화가 있겠냐고 할 수도 있지만, 만약 그 인원이 1,000명, 1만 명이 되면 얘기는 달라진다. 아무런 행동 없이 구매를 이어간다면 소비자를 무시하는 기업을 응원하는 것과 다를 게 없다. 우리를 위해서라도 꼭 행동하면 좋겠다.

우리는 물품을 구매하는 순간부터 올바르게 배출해야 하는 책무가 있다. 이 책무를 열심히만 지킨다면 세세한 분리배출 사항들을 따지느라 들이는 노력을 줄일 수 있다. 물품을 선택할 때부터 머릿속에 분리배출을 염두에 둔다면, 뒤이어 찾아오는 번거로움에서 해방될 수 있다.

 기름기 깨끗하게 씻어 내는 방법

참기름이나 식용유 같은 걸 다 쓰고 버릴 때, 좁은 입구 틈 안에 있는 기름기를 깨끗하게 청소하고 배출하는 건 쉬운 일이 아니다. 그래서 이를 쉽게 제거하는 방법을 소개한다. 먼저 잘게 부순 달걀 껍데기와 베이킹 소다를 준비한다. 이것을 병 안에 넣고 뜨거운 물을 부어 흔들기만 하면 된다. 병 안쪽이 뽀드득하고 만져지는 것을 느낄 수 있다(이것은 서로 친환경 살림 팁을 나누는 허유정 작가의 SNS, @frau.heo에서 얻었다).

지구 닦는 황 대리

우리 집 세탁기가 미세 플라스틱 배출기?

미세 플라스틱은 어디에서 발생할까? 특히 우리 생활에서 쓰이다가 잘게 쪼개져 해양으로 유입되는 2차 미세 플라스틱은 어디서 왔을까? 대개 생수 페트나 어선에서 쓰는 부표나 어구, 일회용품만 생각하기 쉽다. 하지만 이 외에도 미세 플라스틱을 발생시키는 요인은 무척 많다. 자동차를 운행하면서 마모되는 타이어 가루, 도시 미세 먼지, 선박 페인트 등이 있지만 여기선 우리가 매일 입는 옷에 대해 이야기해 보려고 한다.

의류에도 플라스틱이 쓰인다는 사실을 몰라서 의류와 미세 플라스틱의 연관성을 놓치는 경우가 많다. 하지만 의류에 부착된 태그tag를 보면 기능이나 내구성을 고려하여 합성 섬유를 쓰는 경우가 많다. 이런 섬유가 미세 플라스틱을 만들어 내는데, 특히 세탁할 때 발생하는 이것이 아무런 여과 없이 바다로 흘러 간다는 것이 큰 문제이다.

국제자연보전연맹International Union for Conservation of Nature의 2017년 연구 자료에 따르면, 바다로 유입되는 미세 플라스틱의 35%는 합성 섬유에서 발생한다고 한다. 다른 플라스틱 물품에 비해 아직까지 의류는 미세 플라스틱을 발생시키는 오염원으로 인식조차 되지 않고 있다.

이런 문제를 해결하려면 천연 소재 의류를 입고 되도록 세탁 횟수를 줄여야 한다. 건조기를 사용해 본 사람은 건조할 때 거름망에 형형색색 먼지가 걸러지는 것을 볼 것이다. 그 먼지가 모두 바다로 흘러 간다고 생각하면 끔찍하지 않은가? 지구는 모두 연결되어 있어서 우리가 무심결에 배출한 플라스틱은 어떠한 경로를 거쳐서든 우리에게 되돌아온다. 이를 막기 위한 실천이 절실한 시점이다.

다행히 최근에는 세탁기 배수로에 플라스틱 정화 필터를 설치하는 사업을 추진하는 기업이나 단체들이 보인다. '세탁기 미세 플라스틱 필터'라고 검색하면 미세 플라스틱 저감 제품들을 볼 수 있다. 또 미세 플라스틱 필터가 설치된 세탁기도 출시되고 있다. 신규로 구매를 검토한다면 이런 기능이 포함된 제품으로 사고, 이미 세탁기가 있다면 정화 필터를 설치하면 좋겠다. 실제로 필터를 설치해서 세탁해 본 결과물은 꽤나 참혹했다. 아마 대부분 이런 정보를 모르고 자연을 훼손해 왔을 거라고 생각한다.

우리가 관심을 갖는 만큼 지구는 깨끗하고 아름다워질 것이다. 우리가 입고 먹고 쓰는 모든 것이 마트에서 오는 것이 아니라 자연에서 오고, 쓰고 난 후에도 다시 자연으로 돌아간다는 것을 꼭 기억하면 좋겠다. 우리가 사는 작은 집 하나에서도 우리가 할 수 있는 일들이 이렇게 많다. 그래서 평범한 우리가 힘을 모을 때 누구보다 강한 히어로가 될 수 있다.

직장에서 실천하기

나는 짧지 않은 시간을 직장에서 보낸 9년 차 회사원이다. 깨어 있는 시간으로만 따지면 직장에서 하루에 가장 많은 시간을 보내지만 제로 웨이스트를 실천하기 가장 쉽지 않은 곳이 또한 직장이다. 사회생활 안에서 유별나 보이지 않도록 '적당히' 개인의 가치를 실행하는 것이 말은 쉽지만 정말 어려운 일이라는 것을 안다. 하지만 그 안에서도 지구와 우리 미래를 위해 소소하게 실천할 수 있는 습관이 있다.

용도별 개인 컵으로 개성을 뽐내 보자

회사 생활에서 가장 확실하게 일회용 쓰레기를 줄이는 방법은 바로 개인 컵을 사용하는 것이다. 텀블러도 좋고, 유리컵도 좋고, 그것도 못하겠다면 종이컵은 최소한 몇 번 사용하고 버리자. 종이컵은 한 번 쓰고 버려지기에는 질이 너무 좋다. 작년 한 해 동안 회사에서 내가 사용한 종이컵은 1개이다. 급한 업체 미팅에 개인컵을 두고 가서 정말 어쩔 수 없이 종이컵을 1개 썼다. 그런 실수를 반복하지 않기 위해 종이컵에 '2020. 10. 13'이라는 날짜를 표시해 두었고, 다행히 그 이후 종이컵을 사용하지 않고 있다.

나는 도기로 만든 컵과 플라스틱 다회용컵, 스테인리스 텀블러 세 가지를 사용하는데 저마다 목적이 다르다. 도기 컵으로는 물과 차를

마시는 데 가장 많이 쓰는데 컵에 이니셜을 써넣어 나만 쓰기 때문에 위생상 더 깨끗하다. PP 재질의 플라스틱 다회용컵은 탄산이나 주스, 아이스아메리카노 등 시원한 음료를 마실 때 쓴다. 도기 컵에 아이스아메리카노를 담

회사에서 실천하는 제로 웨이스트

아 먹어 봤더니 금방 착색되었다. 게다가 얼음을 넣으면 커피는 얼마 담기지 않아서 700mL짜리 대용량 다회용컵을 준비했다. 마지막으로 스테인리스 텀블러는 따뜻한 아메리카노나 착색이 잘되는 뜨거운 음료를 마실 때 쓴다. 사실 스테인리스 텀블러는 회사에서 사용하기보다는 퇴근 후 약속이 있을 때 들고 다니려고 준비했다. 정신 없는 출근길에 텀블러를 두고 왔더라도 회사에 있는 예비군(?) 같은 텀블러 덕분에 마음이 든든하다.

고작 종이컵 1개가 환경에 무슨 효과가 있겠냐는 생각이 들 때는 1년을 곱한 뒤 직원 수를 곱해 보라. 직원 수를 100명만 잡고 1년 출근 일수를 200일만 잡아도 무려 2만 개가 절약된다. 회사 차원에서 비용을 아낄 수 있고 직원들은 자기 개성을 드러낼 수 있는 1석 2조 실천법 아닐까? 환경에까지 도움이 되니 1석 3조이다!

개인 수저 세트와 식기로 위생과 건강을 챙기자

직장인의 유일한 즐거움이라고 하는 점심시간에도 환경을 생각하면 고민할 것이 많다. 점심시간은 그야말로 배달의 시대이다. 코로나19로 나가서 식사할 수 없다 보니 어쩔 수 없이 배달 음식을 먹어야 하는 직장인이 정말 많다. 배달 건수가 해마다 2배씩 증가한다고 하는데 이러다 정말 배달 용기에 갇혀 죽는 날이 오는 건 아닌지 모르겠다. 회사에서는 용기내 캠페인을 실천하기도 쉽지 않다. 멀리서 배달시키는 경우도 많은데 직접 가서 용기에 담아올 수도 없고 점심 식사까지 양보하라는 말은 차마 못하겠다. 그래서 나도 회사에서 먹는 것

지구 닦는 황 대리

만큼은 유연성을 발휘한다.

샌드위치 전문점에서 샌드위치를 시킨다면 베지나 에그 메뉴 정도 선에서 주문하고 햄버거라면 플랜트 버거를 먹는다. 하지만 메뉴 통일이 필요할 때나 회식을 갈 때는 기꺼이 양보한다. 매일 먹던 고기를 줄였다가 모처럼 먹으니 맛있기도 해서 특별한 날이 된다. 그만큼 협조하는 대신 팀원들과 비건 식당에 가기도 한다. 비건 식당이지만 절충할 메뉴가 있으니 직원들의 평가도 좋다. 이렇게 잘 어우러지면서 환경 이야기를 한다면 동료들도 얼마든지 들어줄 것이다.

점심시간에 배달해서 먹더라도 양보하지 못하는 것이 있다. 바로 개인 식기를 사용하는 것이다. 요즘은 무엇이든 배달해 줄 때 숟가락, 포크, 나무젓가락 등 식기를 꼼꼼히 잘 챙겨 준다. 거북이 코에 플라스틱 빨대뿐만 아니라 플라스틱 포크가 낀 영상도 보았던 사람으로 도무지 플라스틱 식기류는 사용하지 못하겠다. 플라스틱 식기는 미세 플라스틱을 먹는 느낌이 들고, 나무젓가락도 20년 동안 썩지 않는 각종 유독성 화학 물질이 포함되어 있으니 편리함을 떠나 내 몸을 위해 사용하고 싶지 않다.

그래서 개인 수저와 유리 용기를 추천한다. 한국인이라면 숟가락, 젓가락만 있으면 대부분 음식을 먹는 데 큰 어려움은 없다. 떡볶이처럼 개인 앞접시가 필요한 음식을 먹을 때를 대비해서 유리 용기도 챙겨 둔다. 이 두 가지만으로도 1년이면 꽤 많은 쓰레기를 줄일 수 있다. 끼니마다 최소한 나무젓가락은 줄일 수 있으며, 앞접시가 필요한 경우 일회용 접시를 줄일 수도 있다. 양이 너무 많으면 용기에 담아

두었다가 출출해지는 오후
3~4시쯤 데워 먹어도 되니
음식물 쓰레기까지 줄일 수
있는 꿀팁이다.

회사에서 음식을 덜어 먹을 때 쓰는 개인 식기

식사를 마치고 식기를 설
거지해서 말릴 때면 아주 조
금이라도 지속 가능한 지구
를 위해 기여했다는 뿌듯함
이 든다. 그리고 내가 다시 쓸 식기이니 더 꼼꼼하게 씻고 관리한다.
코로나19 때문에 개인 위생이라는 핑계로 일회용품을 쓰는 건 사실
앞뒤가 맞지 않는다. 우리가 앞으로 코로나 팬데믹 같은 일을 겪지 않
기를 진정으로 원한다면, 나무 한 그루라도 더 아끼고, 화석 연료를
사용하는 플라스틱을 하나라도 안 쓰려고 노력해야 한다.

기업에서는 일회용이 더 깨끗하고 개인에게 위생적이라고 계속 주
장할 것이다. 하지만 공부를 아무리 해 봐도 구체적 근거는 없었다.
우리는 더 좋은 일회용품을 찾기 위해 노력하기보다 일회용과 멋지
게 이별할 준비를 해야 한다. 집에 개인 수저가 하나도 없는 집은 없
을 것이다. 개인 식기를 준비해 배달 음식이라도 조금 더 친환경적으
로 먹어 보면 어떨까?

개인 손수건으로 종이 타월과 이별하자

회사마다 차이가 있겠지만 우리 회사 화장실에는 종이 타월이 비

지구 닦는 황 대리

치되어 있다. 손을 씻고 물을 턴 다음 뽑아서 닦으면 묘한 개운함이 있다. 나도 거기에 빠져 있었다. 하지만 사용 후 3~4초 만에 쓰레기통으로 휙 버려지는 것을 보면 이건 아니다 싶은 기분이 들었다.

종이 타월은 다행히 물티슈처럼 플라스틱은 아니다. 다만 일반 티슈와 제작 방식이 달라 펄프로 만들어졌는데도 물에 쉽게 녹지 않으며, 그래서 모든 가게에서 종이 타월을 변기에 버리지 말라고 간곡히 부탁하는 것이다.

사실 손을 씻고 물을 툭툭 턴 뒤 공기 중에 1~2분만 있어도 물기가 사라진다. 그런데 종이 타월이 필요할까 싶다. 게다가 그마저도 물만 닦았기 때문에 책상을 닦는 용도로 두세 번 더 쓸 수 있다. 애초에 일회용이라고 하기에는 질이 너무 좋다.

손을 씻고 바로 물기를 닦지 않으면 찝찝해서 견딜 수 없다면 손수건 사용을 적극 추천한다. 특히 소창이나 한 겹짜리 광목 소재 손수건을 쓴다면 금방 말라서 계속 사용하기에 좋다. 아무리 좋은 종이 타월을 가져온다고 해도 손수건보다 더 보송보송한 느낌을 주지는 못한다.

한 번 사용한 손수건은 파티션에 걸쳐 두거나 햇볕이 잘 드는 창가에 두어 말리면 된다. 햇볕에 잘 마른 소창 손수건만큼 손을 닦을 때 기분 좋게 해 주는 것이 있을까? 자원도 아끼고 내 손도 아끼고 휴지 사용량까지 줄일 수 있으니 이것이야말로 1석 3조이다. 오늘부터 직장의 내 자리에 손수건을 놓아두자.

친환경 물결 만들기, 선물을 싫어하는 사람은 없다

내 직급은 대리로 회사라는 계급 사회에서 무릎 연골 정도 위치에 있다. 허벅지와 정강이 사이에서 말랑말랑하게 서로 움직일 수 있도록 균형을 맞추는 자리라고 생각한다. 그래서 상사에게는 눈치 보이지 않게, 후배에게는 너무 부담스럽지 않게 제로 웨이스트나 환경 이야기를 전하기 위해서 고민을 많이 했다. 무턱대고 "종이컵 쓰시면 안 돼요", "종이 타월 쓰지 마세요" 같은 부정적 자세로 접근하면 역효과가 날 게 분명했다. 고민 끝에 내가 선택한 방법은 뇌물(?)이었다.

선물로 대나무 칫솔을 건네면서 간단히 관리법을 설명하면서 썩지 않고 분리배출도 되지 않는 플라스틱 칫솔 이야기도 은근슬쩍 건넸다. 다행히 팀원들은 선물을 마음에 들어 했다. 내가 처음 대나무 칫솔을 썼을 때 그랬던 것처럼 자연에서 온 신문물을 신기해하면서도 특별히 이질감이 없다는 데 만족스러워했다. 일부는 칫솔이 분리배출이 안 되는지 처음 알았다며 맞장구도 치고 구매처를 물으며 적극적으로 관심을 보였다.

선물 공세 후에는 사내 독서 캠페인을 도맡아서 진행했다. 팀이 의무적으로 참여해야 하는 사내 이벤트는 귀찮게 여기는 경우가 많은데, 내가 자처해서 맡는다고 하니 모두들 좋아하는 기색이 역력했다. 독서 캠페인 주제는 여행이었다. 우리 팀은 '플라스틱 없는 삶으로의 여행'을 주제로 낭비 없는 사무실 만드는 운동에 앞장섰다. 주간 회의 때마다 세팅하던 생수 페트병을 없애고, 서면 회의 자료도 프로젝터를 사용하는 전자 방식으로 대체했다.

지구 닦는 황 대리

이렇게 시작한 내 주변의 친환경 물결은 점점 거세져 갔다. 한 달 정도가 지나자 팀원들이 대나무 칫솔과 개인 컵을 사용하기 시작했다. 한 동료는 개인 식기를 챙겨 왔고 다른 동료는 직접 찾아보고 고체 치약을 사 왔다. 탕비실, 공용 카페 공간, 체련장, 임원실까지 종이컵이 비치된 모든 곳에는 일회용품 사용을 줄이자는 협조문을 붙였고, 아크릴 수세미는 모두 천연 수세미로 바꾸었다. 나중에는 본사를 포함한 다른 계열사에서도 협조문을 붙이며 동참했다. 조금은 뻔뻔하게 선물 하나를 건네며 시작한 변화의 결과였다.

사람들 마음을 열려면 먼저 마음을 열고 다가가야 한다. 한 푼도 손해 보지 않고 내 것만 챙겨 쥐고 있으면, 아무도 나를 위해 손을 펼쳐 주지 않는다. 손해를 보는 것 같더라도 내가 정말 원하고 바라는 것이라면 나부터 다가가고 나부터 실천하는 모습을 보여 주면 된다. 그러면 타인과 마찰 없이 내가 원하는 방향으로 천천히 나아갈 수 있다(원하는 방향으로 풀리지 않아서 속상하다면 꼭 와이퍼스로 와서 하소연하라. 수백 명이 위로해 줄 것이다).

버리는 과자 박스가 친환경 명함으로 변신하다

직장 생활을 하면서 새로운 사람을 만날 때마다 사용하지만, 한 번 쓰고는 다시 안 쓰는 것, 일회용이라고 하기는 모호하지만 분명 일회용에 가까운 것이 바로 명함이다. 나는 보통 1년에 50~100장 정도 쓰는데, 아무리 친환경 삶을 지향한다고 해도 상대가 명함을 내미는데 모바일로 주겠다고 하는 건 사람에 따라 비즈니스 예절에 어긋난다고 생각할 수 있다. 특히 나보다 나이가 많은 업체 담당자를 만날 때는 예의와 친환경 사이에서 고민하게 된다.

이렇게 명함에 대한 골칫거리를 짊어진 상태에서 어쩔 수 없이 환경 활동을 하면서 나를 소개할 명함을 또 만들어야 하는 상황이 되었다. 굳이 새로 만들고 싶지 않아서 처음에는 회사 명함을 모바일로 보냈다. 그러다 보니 메일 주소를 문자로 따로 보내야 하는 등 이래저래 불편한 점이 많았다. 그래서 고민 끝에 선택한 방식이 바로 도장 명함이다.

이 아이디어는 와이퍼스 로고를 처음 만들어 준 디자이너에게서 얻었다. 명함이 필요한데 새 종이는 쓰기 싫다는 내 고민을 계속 듣던 디자이너가 종이에 찍어서 만들 수 있는 도장 명함을 만들어 주었다. 과자 상자나 의약품 박스, 이면지 등에 찍어서 만드는 방식이 마음에 쏙 들었다. 회사에서 버리려는 박스 중 괜찮은 게 있으면 얼른 챙겨서 집으로 가져온다. 거기에 도장을 찍어서 명함을 만들면 전 세계에 하나밖에 없는 나만의 유니크한 명함이 만들어진다.

처음 내 명함을 받는 사람들은 신기해하며 앞뒤를 번갈아 본다. 버려지는 종이가 아까워 만든 명함인데, 아이러니하게도 사람들은 내 명함을 더 소중하게 간직해 준다. 이렇게 내가 만든 명함은 누군가와 첫 대면할 때 내 정체성을 알릴 수 있는 훌륭한 수단이 되고 있다.

이 밖에도 최근에는 일회용 명함을 대신하는 새로운 방법이 많이 나오고 있다. 명함을 보내기만 하면 명함 정보가 휴대 전화에 자동으로 입력되게 해 주는 앱도 있고, 물에 닿으면 녹으면서 비누가 되는

버려진 박스에 도장을 찍어 만든 친환경 명함

명함도 있다. 이처럼 관심을 갖고 찾아보면 충분히 자신을 드러내면서도 환경에 무해한 생활을 할 수 있다.

장 볼 때 실천하기

장을 볼 때 환경을 위해 장바구니를 챙기라는 말을 많이 한다. 하지만 장바구니를 온갖 포장 쓰레기로 가득 채워 온다면 그게 정말 환경을 위하는 일일까? 이번에는 친환경으로 장 보는 습관을 이야기해 보려고 한다. 나름 열심히 실천하는 부분이기도 하고, 익숙해지면 오히려 진심으로 편한 습관이다.

일단 장바구니 말고 좀 더 필요한 물품이 있다. 용기와 망태기다.

이것만 잘 준비하면 장을 볼 때마다 생기는 비닐 쓰레기를 상당 부분 없앨 수 있다. 너무 유별나 보여 싫다면 차라리 집에 있는 비닐을 잔뜩 챙겨 가자. 그러면 비닐 사용을 줄일 수 있다.

일단 용기는 반찬, 즉석 식품, 두부, 육류, 생선을 구매할 때 적극 추천한다. 미리 장 볼 목록을 쭉 적고 그에 맞는 용기를 챙긴다. 처음 한두 번이 어렵지 익숙해지면 뭘 살 때 어떤 용기가 필요한지 착착 계산이 나온다. 망태기는 흙이 묻은 감자나 당근 등 뿌리채소를 살 때 좋다. 그냥 장바구니에 담으면 장바구니 안이 엉망이 되니 구멍이 송송 뚫린 망태기를 이용하는 것이다(무게를 잴 때 몇 그램 더 나오긴 하지만 뭐 어떤가. 그걸 모아서 부자가 되진 않는다).

마트는 유통 과정상 포장된 제품을 늘어놓고 파는 경우가 많아 쓰레기 없이 장보기가 쉽지 않다. 그래서 나는 전통 시장에 가는 걸 선호한다. 따끈한 두부며 떡볶이, 부침개 등을 바로 만들어서 판매하니 용기를 내밀기도 좋고, 단골집을 만드는 재미도 있다. 처음에는 어색해하던 두부 가게 사장님도 이젠 능숙하게 용기에 담아주고, 명이나물이 맛있는 반찬 가게 할머니는 용기를 가져가면 꼭 더 담아 주신다. 이 밖에도 각종 식자재를 포장 없이 살 수 있다.

용기내 캠페인을 실천하는 것은 꼭 장 보기가 아니더라도 집에서 배달 음식 포장을 줄이는 데도 도움이 많이 된다. 나와 아내는 배달 음식을 먹은 지 1년이 지났다. 가끔 생일 쿠폰 같은 게 생기면 직접 용기를 가지고 포장하러 간다. 대부분 제품은 모두 용기에 포장하는 것이 가능하다. 유일하게 지금까지 대체재를 찾지 못한 음식은 피

지구 닦는 황 대리

자다. 피자 모양 용기는 정말 찾기가 어렵고, 그나마 포장도 종이라서 유일한 예외로 인정해 준다. 다만, 그만큼 먹는 횟수를 줄이고 있다.

용기내 캠페인을 실천하면 덜어 먹기 편하고, 남으면 바로 냉장고에 보관하면 되니까 외려 손이 덜 간다. 장을 볼 때 조금 더 무겁다는 단점 하나를 제외하면, 포장 비닐을 씻어 말려서 쓰레기통에 버리는 것이 훨씬 더 귀찮은 일이다. 환경을 생각하는 일이 무조건 귀찮고 불편한 건 아니다. 내가 나쁜 습관에 익숙해서 그런지 아니면 정말 그게 물리적으로 편리해서 그런지 다시 한번 고민해 보고, 오늘부터라도 용기를 내면 좋겠다. 여러분의 용기가 수십억 개 비닐 쓰레기를 줄일 것이다. 이와 더불어 사랑스러운 바다거북이 비닐을 먹는 일도 없을 것이다.

초심자도 쉽게 따라하는
맛있고 멋있는 친환경 식습관

고기 덕후 황 대리의 비건 지향 실천기

내가 '비건'이라는 단어를 말할 줄은 꿈에도 몰랐다. 피자나 햄버거를 고향 음식처럼 좋아했고, 가장 좋아하는 음식이 뭐냐고 물으면 김장 김치와 함께 먹는 보쌈이라고 답하며 성장해 온 내가 이 단어를 언급할 자격이 있나 모르겠다. 나 역시 비건이나 채식이라는 단어는 뭔가 다른 세상 사람들 일처럼 치부했고, 아마 환경에 관심을 갖지 않았다면 평생 담을 쌓고 살았을 것이다. 여러 모로 부족한 내가 이 단어를 언급하는 것만으로도 기분이 상할 분들도 있을 것이다. 미리 양해를 구한다.

나는 2년 전까지 누구보다 육식을 즐겨 왔기에 내 관점에서 비건을 지향하며 느낀 점을 진정성 있게 말하고 싶다. 비건을 실천하는 사람들에게서 들은 이야기, 책이나 영화에서 배우고 느낀 점 그리고 전국의 비건 식당을 찾아 다니며 맛본 음식들까지. 요약하면 비건은 결코 이상하고 특이한 일이 아니며 오히려 엄청나게 매력적인 삶의 방식이다. 고기 덕후였던 황 대리의 비건 지향 이야기를 읽으면서 천천히 한 걸음씩 식생활 개선을 해 나가는 사람들이 많아지면 좋겠다.

비건은 풀때기가 아닌 가치관

비건이라는 말만 들어도 예민해지는 사람들이 있다. 실제 비건을 실천하는 분들은 그 이유가 궁금하겠지만 나는 왠지 알 것 같다. 비건이라는 두 글자에는 타인의 식습관을 정면으로 지적하는 것 같은 묘한 에너지가 있다. 의도하지 않았더라도 비건이 아닌 사람은 비건이라는 말만 들어도 이렇게 반응한다. "뭐, 비건? 팍팍한 삶에서 한 줄기 빛과 같은 치맥이나 삼쏘를 포기하라는 거야?"

이런 대답이 나오는 이유는 간단하다. '비건=풀때기'로 치부하는 오해가 너무 오랫동안 사회 저변에 깔려 있었기 때문이다. 그래서 사람들은 비건이라는 말만 들어도 먹고 즐길 권리를 위협한다고 오해하고 저항한다. 지금부터 이 오해를 풀어 보자.

사람들이 가장 오해하는 점은 풀때기만 먹어야 비건이라고 생각하는 것이다. 식단의 관점으로만 비건을 바라보는 것이다. 하지만 식단만 봐도 비건은 풀때기만 먹는 것이 아니다. 비건은 이보다 훨씬 더 많은 의미를 지니고 있다. 그 안에는 자연 환경과 동물의 생명을 소중하게 대하려는 마음과 나의 행복 추구 때문에 아픔을 겪어야 하는 생명체에 대한 존중이 담겨 있다. 고기나 생선을 먹지 않는 것뿐만 아니라 길거리에 쓰레기를 버리지 않고 나무를 심는 것까지, 비건은 특정 식단을 추구한다는 의미보다는 하나의 큰 가치관을 추구하는 것이라고 보는 것이 나을 것이다. 앞서 정의한 친환경이나 제로 웨이스트가 그러하듯 말이다.

비건을 실천하며 살아가는 보선 작가를 만났을 때 이런 이야기를 들었다. 비건을 완벽하게 실천하지 못한다며 스트레스를 받던 내게 "비건은 하나의 지향점이자 가치관이니 너무 괴로워하지 말고 천천히 나아가도 된다"는 그의 말은 큰 위안이 되었다. 지치지 않고 남은 생애 동안 꾸준히 비건을 지향하며 살아가다 보면 나도 제법 레벨이 높은 실천가가 되어 있지 않을까? 환경과 생명을 바라보는 비건 지향 가치관이 흔들리지 않는다면 말이다.

비건을 하면 남성성이 사라진다?

"고기를 먹지 않으면 내시가 된다." 조금 과장하면 이런 표현까지 하며 고기는 꼭 먹어야 하는 식품이라고 말하는 분들이 있다. 특히 운

〈더 게임 체인저스〉에서 육식 업계의 마케팅 전략을 꼬집는 아널드 슈워제네거

동하는 남자들이 이런 말을 많이 한다. 그래서 '근육=고기=남성성'이라는 개념은 헬스장만 가도 쉽게 접할 수 있다.

그래서 영화부터 추천한다. 넷플릭스에서 〈더 게임 체인저스The Game Changers〉를 찾아서 보면 좋겠다. 〈터미네이터〉로 유명한 배우이자 보디빌더 그리고 전 캘리포니아주 주지사를 지낸 아널드 슈워제네거Arnold Schwarzenegger는 이렇게 말했다. "육류 업계의 훌륭한 마케팅 전략이에요. 진정한 남자는 고기를 먹는다는 생각을 판매하는 거죠."

슈워제네거는 보디빌더로 활동할 때 달걀을 하루에 10~15개 먹었다고 한다. 하지만 나이를 먹으면서 공부하다 보니 단백질을 반드시 고기나 동물에서 얻을 필요가 없다는 사실을 알게 되었다. 그래서 채식 식단으로 방향을 틀었으며, 주변에도 고기 섭취를 줄이라고 권고한다고 했다.

지구 닦는 황 대리

이 영화에는 완전 채식을 하지만 신체 능력에서 절대 부족하지 않은 사람들 이야기가 나온다. 미국 기록을 두 번이나 갈아 치운 역도 선수, 39세로 올림픽 사이클 종목에서 금메달을 딴 선수, 550kg을 짊어지고 걷는 기네스북 등재인 등 분야도 다양하다. 미국종합격투기단체UFC에서 큰 관심을 불러일으켰던 육식파 코너 맥그리거와 채식파 네이트 디아즈의 대결에서 디아즈가 승리한 일화도 나온다. 이들이 자신의 성공 이유를 이야기할 때 공통적으로 말하는 부분이 바로 '채식'이다. 채식으로도 충분히 근육량을 유지하며 신체적으로 월등한 퍼포먼스를 할 수 있다는 것을 증명하는 이야기들이 담겨 있다.

단편적인 예로 병아리콩에는 같은 무게의 닭가슴살에 포함된 단백질의 3분의 2가량이 들어 있다. 굳이 환경을 훼손하지 않고 단백질을 섭취할 대체 식품은 얼마든지 있다. 황소도 고릴라도 심지어 코끼리도 거대한 몸집을 유지하기 위해 고기를 먹지 않는다. 채식으로도 충분히 근육량을 유지할 수 있으며, 건강에 더 좋은 건 말할 것도 없다.

특히 비건을 지향하면 내시가 된다고 생각하는 분들은 채식과 발기 지속력을 연구한 결과도 나오니 꼭 보면 좋겠다. 발기는 결국 혈류와 연관되는 것이다. 결과가 어떻게 나왔는지는 영화에서 직접 확인해 보자. 육식이 혈관에 노폐물이 끼게 한다는 것은 대부분 알고 있는 상식이니 말이다. 영화를 보고 헬스장에 닭가슴살 대신 병아리콩을 들고 가는 사람이 많아지면 얼마나 좋을까?

비건은 맛이 없다?

비건은 맛이 없다고 하는 사람들은 대부분 '비건=풀때기'로 인식한다. 배달 앱에서 '샐러드'라고 검색하면 나오는 것들만 비건이라고 생각하니 얼마나 먹기 싫을지 이해가 된다. 나 역시 2~3년 전만 해도 똑같은 생각을 하며 살았다. 다행히 환경 활동을 하면서 주변에 숨은 비건 식당들을 알게 되어 새로운 세계에 입문한 것 같다. 이건 직접 먹어 봐야 해결되는 부분이라 내가 좋아하는 가게 몇 군데와 음식들을 소개하려고 한다.

가장 자주 찾는 비건 식당 칙피스는 비건 샐러드와 토마토 스튜인 샥슈카가 일품이다. 나는 성수점에 자주 다니는데, 서울숲에서 달리기나 플로깅을 하고 약간 땀이 났을 때 맥주 한 모금과 곁들인 두 음식의 조화란! 특히 칙피스는 병아리콩 크로켓이라고 불리는 팔라펠을 아주 잘 튀겨 내는데, 내 입에는 어지간한 치킨너겟보다 맛있다. 칙피스는 체인점이라 성수점 외에 신사동과 고속터미널역 등에도 있으니 시간이 나면 방문해 보길 추천한다.

그린 인플루언서인 줄리안과 함께 방문했던 이태원의 유명 비건 식당 플랜트도 아주 훌륭하다. 대체육을 활용한 버거부터 카레, 샐러드, 스무디까지 메뉴도 다양하다. 이 중에서도 후무스는 단품이든 샐러드든 꼭 먹어 봐야 한다. 후무스는 병아리콩을 삶아 만든 음식으로, 중동의 김치라고 할 만큼 대중적인 음식이다. 비타민, 단백질, 식이섬유가 풍부하고, 콜레스테롤을 낮추는 저칼로리 식품인데, 맛까지 있다. 디핑소스처럼 빵에 올려서 한 입만 먹어 보면 비건에 대한 인식이 단번에 바뀔 것이다. 여기에 든든한 비리야니 가던 볼을 메인 디시로 먹으면 비건 음식은 허기가 진다는 오해 역시 바로 사라질 것이다.

이 밖에 이태원의 몽크스부처, 반미리, 숙대 입구의 카페시바, 상수의 제로비건 등 곳곳에 비건 식당이 숨어 있다(아쉽게도 코리안 비건 스타일을 추구하는 제로비건은 2022년 3월이면 국내 사업을 접고 해외로 떠난다. 치킨보다 맛있는 새송이강정과 채수해장국을 더는 먹을 수 없다니 슬프다). 이런 식당을 찾아다니다가 입에 맞는 식당을 만나면 얼마나 행복한지 모른다. 숨겨진 보물을 찾은 기분이랄까? 이기적으로 생각하면 비건을 지향하는 사람들끼리만 알고 싶은 마음이다. 비건 식당에 대한 정보는 '채식한끼'라는 어플을 통해 얻는 것을 추천한다. 내 주변에도 생각보다 많다.

비건 식당을 찾아가기 어렵다면 집에서 비건으로 요리를 해서 먹거나 비건 옵션을 선택하는 방법도 있다. 감자튀김보다 맛있는 템페를 주문해서 집에서 튀겨 먹어도 되고, 대체육 패티를 활용해서 집에서 비건 햄버거를 만들어 즐겨도 된다. 혹은 마라탕 집에 가더라도 고기는 빼고 두부, 푸주, 채소 위주로 주문한다거나 중국집에서 가지튀김이나 청경채볶음 같은 음식을 시도해 보는 것도 좋다. 요즘은 텐동 가게에서도 락토오보 텐동처럼 비건 메뉴를 옵션으로 하는 가게도 많다. 시도를 안 해 봐서 그렇지 막상 먹어 보면 충분히 맛있다. 중요한 건 어떻게든 환경과 자연과 생명을 위해 노력하겠다는 마음이다. 한번 문턱을 넘어서면 비건을 지향하는 것은 위험하고 이상한 일이 아니라 하나의 건강한 습관이 될 것이다.

고기 없는 월요일 Meat Free Monday

영국의 유명 팝 밴드 비틀스 멤버였던 폴 매카트니가 공장식 축산업 내 동물들의 고통, 지구 온난화를 비롯한 환경 문제 등을 이유로 일주일 중 최소한 하루는 채식을 하자고 제안한 캠페인. 고기 없는 월요일의 슬로건은 "일주일 중 하루면 세계를 변화시킬 수 있다"이다. 환경을 위해서 활동하는 것은 너무 거창할 필요 없이 이렇게 작은 부분 하나부터 시작하면 된다. 이것만으로도 세상의 변화는 시작된다.

 ## 대장염을 앓는다면 비건 지향은 이런 방식으로!

오랫동안 궤양성 대장염을 앓아 온 사람으로서 대장염에 도움이 되는 식이요법을 추천하고자 한다. 구글에서 '저포드맵Low FODMAP'이라고 검색하면 아마 많은 정보가 나올 것이다. 포드맵은 식이 탄수화물의 일종으로 장에서 잘 흡수되지 않고 남아서 발효되는 올리고당, 이당류, 단당류 등을 말한다. 이러한 포드맵 성분은 소장에서 흡수되지 않고 대부분 대장으로 이동하면서 대장 세균에 의해 가스를 많이 만들어 낸다. 따라서 이와 반대로 가스를 적게 만들어 내는 저포드맵 위주로 식사하면 분명히 효과가 있을 것이다.

흔히 몸에 좋다고 알려진 슈퍼 푸드도 대장염을 앓는 사람에게 좋지 않은 경우가 있다. 예를 들어, 잡곡, 사과, 배, 양배추, 마늘, 양파 들은 모두 대장염에 좋지 않은 음식이다. 그 대신 쌀밥, 감자, 쌀국수, 두부, 바나나, 키위, 포도, 가지, 호박, 당근 등은 대장염에 도움이 되는 음식이다. 저포드맵을 보고 도움이 되는 음식 위주로 요리해서 먹는다면 환경과 건강을 모두 챙기는 식단을 만들 수 있다. 나 역시 이런 방식으로 10년 동안 나아지지 않던 궤양성 대장염을 1년 만에 크게 완화할 수 있었다. 꼭 검색해 보고 건강한 몸을 만드는 데 도움을 받으면 좋겠다.

권장 식품		저포드맵		제한 식품
쌀밥, 감자, 쌀국수		곡류		잡곡류, 보리, 호밀
완두콩, 두부		콩류		강낭콩, 구운 콩, 콩물
유당 제거 우유		유제품		우유, 치즈, 요플레, 아이스크림
바나나, 블루베리, 포도, 키위, 멜론, 딸기, 오렌지, 토마토		과일류		사과, 배, 복숭아, 농축 과일 주스, 과일 통조림, 말린 과일
가지, 호박, 시금치, 죽순, 당근, 샐러리		채소류		아스파라거스, 양배추, 마늘, 양파, 브로콜리
메이플시럽, 셔벗, 각종 기름류, 설탕		기타		커피, 차, 탄산음료, '-ol'로 끝나는 각종 인공 감미료 (자일리톨, 솔비톨)

미네랄이 아니라 미세 플라스틱이 듬뿍 든 생수병 이야기

바야흐로 물을 사 먹는 시대이다. 나 역시 환경에 관심을 갖기 전까지 항상 2L 생수가 거실 한쪽에 차곡차곡 쌓여 있었다. 그게 내 몸 건강에 좋은 일이고 현명한 소비라고 생각했다. 라이언 히크먼이 나온 다큐멘터리를 보기 전까지는 말이다. 미국 NGO 업체가 뉴욕주립대학교에 의뢰하여 11개 유명 생수통을 무작위로 선별해 실험한 결과 93% 생수 샘플에서 미세 플라스틱이 검출되었다고 한다. 내가 즐겨 마시던 브랜드의 탄산수를 포함해 비싸서 잘 마시지도 못했던 생수 브랜드도 포함되어 있어서 충격이었다.

이뿐만 아니라 우리가 일주일에 신용 카드 한 장 정도의 미세 플라스틱을 섭취하며 그 주된 경로가 음용수라는 점도 놀라웠다. 내가 지금까지 직접 돈을 내고 미세 플라스틱을 먹었다니! 게다가 앞서 말했듯이 2020년 12월 이탈리아 연구 결과에서 산모의 태반에서도 미세 플라스틱이 검출되었다는 뉴스를 접하고는 더는 생수를 사서 마실 수 없었다.

이런 정보를 듣고 심란하던 중 운이 좋게 직장 업무 차 생수 공장을 견학하게 되었다. 두 군데를 방문했는데, 두 곳 모두 나름 국내 3대 생수 브랜드 중 하나를 공급하는 업체라 그 규모가 굉장했다. 공장은 모두 자동화 시스템으로 돌아가서 사람 일손이 크게 필요하지 않았다. 사출부터 담수, 레이블링, 패키징까지 모든 과정은 기계가 담당했고, 우리가 마시는 생수는 1분에 수백 개씩 생산되었다. 공장 소장은 현재 1분에 150~200개가 생산되는데, 500개까지 생산량을 늘리는 것이 목표라고 자랑스레 말했다.

생수 공장에서는 자연에서 취수한 물을 살균해서 페트병에 담는 식으로 제품을 생산한다. 물은 자연에서 가져오니 결국 기업에서 새로 만들어 내는 것은 페트병뿐이었다. 페트병은 프리폼이라는 시험관 모양의 플라스틱을 열로 가공해서 만드는데, 사진에서 보는 작은 것이 500mL, 큰 것이 2L짜리 페트병이 된다. 저 작은 관 모양 플라스틱이 순식간에 페트병으로 변형되고 살균된 생수를 담아 차곡차곡 쌓이는 걸 눈앞에서 보면 그 양에 압도된다.

지구 닦는 황 대리

열로 가공하면 페트병으로 변신하는 프리폼

견학이 끝나고 잠시 담소를 나누는 과정에서 공장 담당자에게 조심스레 미세 플라스틱과 관련된 질문을 했다. 제품 생산 후 운송 중 발생하는 진동 등으로 미세한 조각이 발생할 수 있다는 것을 두 공장 모두 인정했다. 우리가 옷을 입고 다니다 보면 미세한 보풀이 일어나거나 섬유 조각이 떨어지는 것처럼 플라스틱 용기에서 플라스틱 조각이 떨어져 나오는 것은 어쩔 수 없이 인정해야 하는 부분이다.

나는 정수기를 설치해서 물을 마시고 있지만, 전기로 작동하는 정수기는 미세 플라스틱은 적지만 더 많은 에너지를 소비하는 것이기 때문에 고민이 많다. 하지만 각종 다큐멘터리와 연구 결과를 살펴보고 직접 공장을 견학해 보니, 생수에 미세 플라스틱이 포함될 수밖에 없음을 깨달았다. 생수는 우리가 섭취하는 미세 플라스틱의 주된 섭취 경로이기 때문에 모두가 함께 대안을 생각해 봐야 한다.

미세 플라스틱이 구체적으로 사람에게 어떤 악영향을 끼칠지 밝혀진 건 없다. 차라리 미세 플라스틱이 인체에 전혀 무해하다는 연구 결과가 있다면 좋겠다. 다만, 화석 연료를 활용하여 물건을 판매하는 모든 기업이나 판매자는 혹시 모를 위험을 피하기 위해 이런 연구를 달

가워하지 않을 테고, 그만큼 우리가 제대로 된 정보를 알 때까지는 시간이 걸릴 수 있다. 그때까지 우리도 조금 능동적으로 대안을 찾아보면 어떨까? 국민이 머리를 맞대면 정말 좋은 아이디어가 나올 수 있을 것이다.

목욕하지 않은 달걀, Egg No.4

간장계란밥은 바쁜 아침에 간단하게 챙겨 먹기 좋아 자주 먹는 음식이다. 따끈한 밥에 간장과 참기름을 1 : 0.7로 두르고 막 만든 달걀프라이를 올리면 간편하면서도 든든한 한 끼 식사로 손색이 없다. 이 밖에도 달걀의 쓰임새는 무궁무진하다. 달걀을 휙휙 풀어서 만드는 스크램블, 누구나 좋아하는 국민 반찬 달걀말이, 떡볶이에 넣어서 먹으면 조합이 끝내주는 삶은 달걀, 부드럽게 호로록 넘어가는 달걀찜, 떡국에 올라가는 고명까지 달걀은 전 국민에게 필수 아이템으로 뽑힌다.

마트에서 판매되는 달걀에는 '목초를 먹인', '무항생제', '자연에서 키운' 등 온갖 미사여구가 붙어 있다. 그래서 뭐가 좋은 건지 기준을 잡기가 어렵다. 그런 분들에게 진짜 건강한 환경에서 자란 닭을 구분할 수 있는 팁을 소개한다.

달걀 껍데기에는 일련번호가 있는데 숫자와 알파벳이 섞인 마지막 숫자가 구분의 키워드다. 숫자는 1~4로 구성되어 있는데, 1번은 방목형으로 키운 닭, 2번은 실내 평사에 풀어 놓고 키운 닭, 3·4번은 케이지에서 키운 닭이다. 4번은 일반적인 크기의 케이지이고, 3번은 4번 케이지보다 사이즈가 크다. 일단 여기까지만 봐도 어떤 닭이 더 건강할지 느낌이 올 것이다.

닭은 본래 청결한 동물이다. 모래 목욕으로 병균을 제거하고, 스스로 알아서 몸을 청결하게 유지하는 생명체이다. 하지만 케이지에 갇혀 자라는 닭들은 이런 목욕을 하는 것이 불가능하다. 평생 목욕을 하지 않는 닭은 전염병에도 취약해서 이를 막기 위해 살충제가 사용되기도 한다. 그들이 낳는 알 역시 정말 건강할지 고민을 해 봐야 할 문제다. 한승태 작가의 《고기로 태어나서》를 보면 보면 양계장에서 직접 일했던 일화가 나온다.

> 닭들 보니까 끔찍하죠? 털 다 벗겨지고……. 나도 알아요. 그런데 우리가 작년까지만 해도 안 그랬어요. 원래는 닭장 하나에 세 마리 이상 안 넣었는데, (……) 그래서 내가 이거는 원래 세 마리씩밖에 안 들어간다고 하는데도 괜찮다는 거야. 자기 예전에 있던 데는 이것보다 많이 넣어 봤다면서. (……) 승태 씨 봤죠? 털은 죄다 뽑혀서 이리저리 쪼이고. 닭들이 지들끼리 막 쪼는 거 봤죠? 그게 좁아서 스트레스 받아서 그러는 거예요.

보통 4번 케이지는 면적이 1마리당 0.05㎡로 A4사이즈보다 조금 작고, 3번 케이지는 이보다 좀 더 큰 1마리당 0.075㎡ 정도 된다. 케이지당 한 마리를 생각해도 작은 사이즈인데, 생산량을 중시하는 공장식 축산 문화에서 이런 법은 자주 어겨지고, 케이지 하나에 2~3마리씩 넣고 키우는 경우도 다반사라고 한다. 움직이기도 힘든 상황에서 스트레스를 받아 서로 공격하고, 죽은 닭을 쪼아 먹기도 하며, 사체와 배설물 위에 열심히 알을 낳는다. 그런 달걀이 정말 건강할지 궁금하다.

나는 멀리 산청에서 실내 평사에 닭을 풀어 놓고 키우는 사장님에게서 달걀을 주문해서 먹는다. 귀농해서 세 아이를 키우는 부부가 운영하는 양계장인데, 닭들에게 "고맙다, 대견하다"는 말을 건네며 생명을 귀하게 여기는 모습이 마음에 와닿았다. 모래 목욕을 하며 꾸벅꾸벅 조는 닭부터 자유롭게 날개를 퍼덕이며 천장까지 점프하는 건강한 닭을 볼 수 있어서 좋았다. 이 양계장에서 주문하기 시작한 지 어느덧 1년이 넘었는데, 그사이에 사장님도 나를 통해 제로 웨이스트에 관심을 갖게 되었다. 최근에는 주문하면 아이스 팩은 당연히 없고, 완충제와 박스 모두 종이 재질로만 최소한으로 포장되어 배송된다. 아주 가끔 달걀이 하나씩 터지더라도 나는 기꺼이 이해하고 응원하며, 사용한 달걀판도 다시 모아서 전달한다. 이렇게 소소하고 건강한 인연이 내겐 참 소중하다. 닭을 사랑하고 존중하면서 양계장을 운영하는 사장님에게 감사 인사를 드린다.

지금 집에서 책을 읽는 분들은 냉장고로 가서 달걀 일련번호의 마지막 숫자를 확인해 보자. 10명 중 7명은 4라고 찍힌 달걀을 볼 것이다. 아무리 포장을 그럴싸하게 한다고 해도 결국 케이지에서 생산된 달걀인 것은 변함없다. 스웨덴은 1988년부터 단계적으로 케이지를 금지해 왔고, 스위스와 유럽 연합 28개국도 모두 2000년 이전에 케이지를 금지했다. 아직 우리나라 축산 농가의 현실은 해외에 비해 이렇게 처참하고, 동물들의 생명권 역시 존중받지 못하고 있다.

이런 부분에 관심을 갖게 될수록 비건 지향으로 식습관이 변화하는 건 당연하다. 건강한 생태계에서 생산된 식재료가 당연히 인간에게도 좋다. 우리의 산업은 지금까지 모든 가치보다 돈을 우위에 두고 성장해 왔고, 양계장을 운영하는 사람들도 그러했을 것이다. 그들을 탓할 게 아니라 자연은 뒷전에 두고 경제만 중시해 온 소비자도 반성할 필요가 있다. 그들이 바뀌려면 우리도 바뀌어야 한다.

아직도 사 먹니? 나는 키워서 먹는다! 파테크

자녀를 둔 부모들과 자취하는 이들에게 추천하는 신개념 재테크, 파테크를 이야기해 보겠다. 파테크는 대파 농사가 안되어 대파 가격이 치솟았을 때 직접 파를 키워서 먹는 것이 유행했을 때 생겼다. 지금은 다시 가격이 안정되긴 했지만 쑥쑥 자라는 파를 보면서 뿌듯함도 느끼고 힐링도 하면 좋을 것 같아서 공유한다.

파를 키우는 건 난이도 하 등급의 매우 간단한 일이다. 똥손이든 한 번도 흙을 만져 본 적 없는 사람이든 누구든 가능하다. 흙에서 키우는 방법과 물에 꽂아 두는 방법이 있는데, 수경 재배는 물에 꽂아 두기만 하면 되니 흙냄새를 맡을 수 있는 흙에서 키우는 방법을 설명하겠다.

필요한 건 화분, 흙, 시장에서 산 대파다. 이것만 있으면 신선하게 자란 파를 수확해서 먹는 것 같은 기분을 한 달 이상 느낄 수 있다. 화분 바닥에 배수판이나 자갈을 깔고, 마트에서 산 흙(상토를 추천한다)

파를 집에서 직접 키워서 먹는 파테크

을 채운 후 절반 정도 자른 대파를 심으면 된다.

　대파는 빨리 자란다. 농담이 아니라 하루하루 자라는 게 눈에 바로 보일 정도라 아이들에게 자연에 관심을 갖게 해 주기 좋다. 마지막 사진에 있는 파가 심은 지 약 2주 된 것이다. 얼마나 빨리 올라오는지 보이는가? 그래서 어른들도 신기해한다. '우아' 하는 소리가 일주일이면 몇 번 나온다. 기다렸다가 적당히 올라왔다 싶을 때 잘라서 먹으면

지구 닦는 황 대리

된다. 집에서 따끈하게 끓인 콩나물국이나 얼큰한 라면에 막 키운 대파를 잘라서 썰어 넣으면 유명 레스토랑 셰프가 된 것 같은 기분이 든다. 향도 더 짙게 나는 것 같다.

파는 대충 세 번 정도 잘라서 먹으면 흙에 더 이상 양분이 없어서 올라오지 않는다. 그래도 파 하나 심어서 세 번 먹을 수 있으니 얼마나 이득인가? 파가 어디까지 자라는지 궁금하면 볕이 잘 드는 곳에 계속 두면 된다. 파에서 열리는 꽃도 생각보다 예쁘니 파 재배로 꽃 구경도 할 수 있다. 작물을 키우며 돈도 아끼고 힐링도 하고 꽃 구경까지 할 수 있으니 오늘 장바구니에는 대파를 사 오자!

캠핑, 쓰레기 없이도 괜찮아

캠핑이 대세이다. 코로나19로 해외여행을 가기가 어려워지자 국내 여기저기 숨겨진 명소를 찾아서 캠핑하는 캠핑족이 많아졌다. 텐트를 치는 일반적인 캠핑부터 차에서 잠을 자는 차박, 침대며 가전제품까지 갖춘 곳으로 떠나는 글램핑, 필요한 것만 챙겨서 가볍게 여행하는 백패킹, 자연 그대로 극한의 생존을 체험하는 부시크래프트 bushcraft까지 그 종류도 많다.

그런데 캠핑이 유행하면서 일회용 쓰레기양도 어마어마하게 늘고 있다. 캠핑을 하면 필수 코스로 등장하는 바비큐 때문에 비닐에 든 숯이며 활성탄, 각종 음식 포장 쓰레기까지 아름다운 자연을 즐기기 위해 떠난 여행으로 결국 여행지를 쓰레기장으로 만들어 버린다. 나는 인천 해변 청소 때 인연을 맺은 지역 어르신에게 최근 차박 명소로 떠오른 섬에 쓰레기가 넘쳐 난다는 말을 듣고 해당 장소를 찾았다. 실제로 그곳은 여행객들이 버리고 간 각종 쓰레기로 몸살을 앓고 있었다. 누군가 1명이 버린 쓰레기는 다른 쓰레기를 불러 모았고 깨진 유리창 이론broken windows theory(건물의 깨진 유리창을 그대로 방치하면 그 지역 일대가 무법천지로 변한다는 범죄 심리학 이론)처럼 그 일대를 쓰레기장으로 만들어 버렸다.

쓰레기 없이는 정말 캠핑을 할 수 없을까? 유행하는 건 다 해 보고 싶지만 쓰레기는 만들고 싶지 않은 우리 부부는 쓰레기 없는 캠핑에 도전했다. 캠핑을 하면 가장 많이 나오는 쓰레기는 먹거리 포장재와 일회용품이다. 우리 부부는 먹을 것을 미리 집에서 손질하고, 개인 식기를 비롯해 대나무 칫솔과 고체 치약까지 필요한 물품을 챙겨서 글램핑을 떠났다. 고기 대신 대체육을 포장하고 감자, 고구마, 호박 등을 구워 먹으려고 썰어서 가져갔다.

결론부터 말하면 쓰레기 없는 캠핑은 충분히 가능했다. 우리 부부가 버린 쓰레기는 티슈 몇 장이 전부였다. 쓰레기 없이도 바비큐를 즐기고, 맛있는 식사와 자연을 있는 그대로 즐길 수 있었다. 아이들을 좋아하는 우리 부부는 그곳에 놀러 온 아이들과 같이 밤 늦게까지 어울려 놀았다. 배드민턴부터 트램펄린, 뜀박질까지. 한 녀석은 내 무릎에 앉아 삼촌 따라간다며 어리광을 부렸고, 다음 날 아침이 되자마자 우리 텐트 앞에서 아이들이 "이모, 삼촌" 하면서 기웃거렸다.

우리가 다녀간 후기를 남기자 사장님은 이렇게 흔적 없이 다녀간

지구 닦는 황 대리

손님은 처음 봤다며 댓글을 남겨 주셨다. 그와 더불어 자신도 글램핑장을 운영하면서 추가로 쓰레기를 줄일 방법을 적극적으로 알아보겠다고 했다. 쓰레기 없이도 충분히 자연을 즐길 수 있었고 그래서 더 즐겁고 인상적인 여행이었다.

여러분이 정말 캠핑을 좋아하고 자연을 즐기고 싶다면 있는 그대로 아껴 주면 좋겠다. 10년 후 그 장소에 다시 방문했을 때 추억 어린 그곳이 쓰레기장으로 변한 모습을 보고 싶지 않다면 말이다.

4부

와이퍼스,
함께 나아가는
삶

쓰레기 좀 줍는다고
뭐가 달라지겠냐는 사람들에게

"쓰레기를 주우면 정말 지구가 깨끗해질까요?"

인터뷰를 하다 보면 단골로 받는 질문이다. 누군가 초롱초롱한 눈빛으로 이렇게 묻는다면 나는 꽤나 오랫동안 망설일 것이다. 결론만 이야기하면 불가능하다. 동네에서 쪼그려 앉아 담배꽁초를 아무리 주워도 이틀만 지나면 그 자리에 꽁초가 다시 쌓인다. 해양 쓰레기도 마찬가지다. 수십 명이 수백 킬로그램이나 되는 해양 쓰레기를 줍고 날라도 한 달만 지나면 해변은 다시 육지와 해변에서 밀려온 쓰레기로 가득찬다.

어차피 물리적 효과가 없는 쓰레기 줍기다. 그럼 우리는 무엇 때문에 쓰레기를 주울까? 500명이 넘는 닦원은 왜 남녀노소 할 것 없이 "지구를 닦자!"고 외치며 하루가 멀다 하고 쓰레기를 주울까? 10만 개가 넘는 담배꽁초를 주워도 하루에 버려지는 1,246만 개의 1%도 되지 않는데 왜 바보처럼 계속 주울까? 나는 이 근본적인 물음에 유명한 문학 평론가인 고^故 김현 선생님 이야기를 들려주고 싶다.

문학은 돈이 되지 않는다. 한마디로 경제적으로 쓸모가 없다. 베스트셀러 작가에게는 예외일 수 있겠지만 순수한 문학을 추구하는 것은 돈이 되지 않는다. 평생 그런 문학을 공부하던 선생님의 어머니는 돌아가시기 직전까지 아들을 꾸짖었다. 판사나 검사가 되지 않고 문학 나부랭이를 했다고, 아무짝에도 써먹지 못하는 것을 무엇에 쓰냐고, 쓸모 없는 공부를 하는 아들을 야단치셨다. 이런 꾸지람에 김현 선생님은 이렇게 답했다.

"문학은 배고픈 거지를 구하지 못한다. 그러나 문학은 그 배고픈 거지가 있다는 것을 추문으로 만들고, 그래서 인간을 억누르는 억압의 정체를 뚜렷하게 보여 준다. 그것은 인간의 자기 기만을 날카롭게 고발한다."

지구를 닦는 쓰레기 줍기 활동도 이와 비슷하다. 쓰레기를 아무리 열심히 주워도 우리는 해양으로 밀려드는 스티로폼 부표들을 막을 수 없고, 플라스틱을 먹고 죽어 가는 새 한 마리도 구할 수 없고, 우리 식탁에 올라오는 미세 플라스틱을 없앨 수 없을뿐더러 전 세계가 불타고 홍수가 나고 가뭄이 오는 기후 위기를 막아 낼 수 없다. 이렇게 쓰레기를 줍는다는 것은 현실적으로는 쓸모가 없다.

하지만 쓰레기를 줍는 것은 '현실적으로 쓸모가 없기에' 충분히 그 가치가 있다. 우리가 어찌할 수 없을 만큼 어마어마한 양의 쓰레기가 있다는 사실을 줍는 사람에게 각인시키고, 줍는 것보다 중요한 건 애

지구 닦는 황 대리

초에 쓰레기를 만들지 않는 것이라는 사실을 깨닫게 해 주며, 쓰레기를 만들고 탄소를 배출하는 기업을 멀리해야 한다는 것을 이해시키고, 이를 용인하는 정부에도 목소리를 내야 한다는 것을 알려 준다.

와이퍼스는 쓰레기를 줍는 언뜻 보면 단순해 보이는 활동을 통해 사람들이 환경 문제에 직면할 수 있도록 돕고 이를 널리 알리려고 노력한다. 쓰레기를 주워 본 사람들끼리 쉽게 뭉칠 수 있도록 단단한 연결 고리를 만들고, 효과적이고 재미있는 캠페인을 벌여 기업과 정부에 우리 목소리를 들려주는 것이 궁극적 목표이다.

와이퍼스를 만든 지 약 1년 반. 4명이던 채팅방 인원이 500명으로, 10명이던 SNS 팔로어가 3,000명으로 늘었다. 감사하게도 우리 활동을 텔레비전, 라디오, 신문, 잡지, 강연 등으로 알릴 수 있었고 유명 의류 브랜드의 지속 가능 라인업 모델이 되는 기회도 얻었으며, 환경부 장관상까지 받았으며 이제는 공식적 비영리 법인을 세울 준비까지 하고 있다. 그리고 또 한 가지 얻은 것이 있다. 내가 받은 사랑을 다시 나누는 방법을 알게 된 것이다.

평범하게 직장을 다니다가 우연히 환경에 관심을 갖고 '빠르게' 행동을 시작한 뒤의 찾아온 변화이다. 글을 쓰는 지금도 이 변화는 진행 중이다. 이번 장에서는 와이퍼스를 시작한 이후 1년이 넘는 동안 내게 일어난 일들, 이제 더는 소소하지 않을 수 있는 일들을 이야기하겠다. 환경에 진심인 직장인의 삶은 이렇게 달라질 수 있다.

인터뷰요? 방송 출연이요? 저를요?

환경 활동을 시작하고 처음 인터뷰한 일이 기억에 남아 있다. 아직 와이퍼스 오픈 채팅방을 만들기도 전 20대의 인턴 기자에게서 연락이 왔다. 일단 누군가 나를 궁금해한다는 것 자체가 신기했고, 1년 동안 혼자 활동하면서 느낀 점도 많았기에 할 이야기도 많았다. 주말 아침 이른 시간, 어린이대공원역 근처에서 기자를 만나 다짜고짜 함께 플로깅을 시작했다. 절반 정도 담배꽁초를 채운 2L 페트병을 기자에게 건넸고, 가득 채우는 것이 오늘의 목표라고 설명했다. 우리는 이야기를 나누며 역 근처 번화가와 주거 지역을 닦았고, 페트병을 가득 채운 후에는 공원을 산책하며 남은 이야기를 이어 갔다. 처음으로 호기심에 담배꽁초를 직접 분해해 봤고, 필름 필터와 셀룰로오스 아세테이트의 비밀까지 알게 된 역사적인 날이었다.

그렇게 첫 인터뷰를 마치고 난 뒤 점차 다른 곳에서도 연락이 오기 시작했다. 처음에는 작은 신문사나 유튜브 방송, 케이블TV 채널 위주로 섭외가 들어왔다. 나처럼 별일 없는 사람에게 관심을 가져 준다는 것이 고마웠기에 인사하러 갈 때마다 대나무 칫솔이며 손수건이며 소소한 선물을 챙겨 가곤 했다. 그렇게 시작된 보도는 점점 확대되었다. 조선일보, 중앙일보, 동아일보, 한겨레를 포함한 메이저 신문과 모두 인터뷰했고 KBS, SBS, EBS, TBS 등에도 모두 출연하는 영광을 얻었다. 단지 쓰레기만 주웠을 뿐인데 말이다.

아내와 함께 녹음실에서 라디오 방송을 녹음하기도 했고, 30년 이

지구 닦는 황 대리

상 이어온 유명 프로그램에 생방송으로 초대되기도 했다. 그런가 하면 통편집으로 하루를 날린 경험도 있으며, 너무 힘들어 촬영을 중간에 포기하고 싶었던 경험도 있다. 2년이 채 되지 않는 동안 강연을 포함해 마흔 번 넘게 이곳저곳에 소개되었다. 그중에서도 특히 기억에 남는 순간만 몇 가지를 뽑아 추억을 나눠 보고자 한다.

"덜덜 떨리는 목소리가 들리나요?", 첫 공익 광고 라디오 녹음

라디오를 듣다 보면 '△시 58분'이라는 시간에 흘러나오는 공익 광고를 종종 들을 수 있다. 따뜻한 배려로 세상을 따뜻하게 만들자는 메시지부터 세상을 구하는 시민 영웅 이야기까지 때로는 연예인이 때로는 일반 시민이 들려주는 이 방송은 어떻게 만들어지는지 궁금한 적이 있었다. 그런데 이곳에 출연하는 다음 주인공이 우리 부부가 되어 버렸다. 덜컥 말이다.

KBS 1 라디오에서 섭외 요청이 들어왔을 때 나와 아내는 믿기지 않는 듯 얼떨떨해하며 수락했다. 연락한 피디는 이번 기획을 '지구를 위한 새로 고침, 습관을 바꾸는 라디오'라는 타이틀로 환경부와 함께 진행하는데, 아내와 내가 실천하는 친환경 습관을 알리고 싶다고 했다. 한 달의 절반은 내 목소리가, 나머지 절반은 아내 목소리가 라디오를 통해 매일 송출된다고 하니 엄청 기쁘면서도 한편으로는 부담이 되었다.

녹화 당일에 찾은 방송국에서 텔레비전에서만 보았던 녹음실을 마주하자 실감이 나기 시작했다. 녹음실 밖에 KBS라는 마크가 보였고, 그 바로 아래에는 'ON AIR'라는 등이 달려 있었다. '온 에어라니, 오 마이 갓!' 녹음실 안으로 들어가자 전날 미리 검토했던 대본이 책상 위에 올려져 있었고, 그 앞에는 엄청 고급스러운 냄새를 풍기는 마이크가 놓여 있었다. 마이크라고는 노래방 마이크밖에 잡아 본 적 없는 나에게 테이블에 착 고정되어 있는 녹음 전문 마이크는 신기할 따름이었다. 우리 부부는 연신 감탄사와 돌고래 탄성을 질렀고, 다행히 담당 피디도 우리의 그런 모습을 좋게 봐 주어 즐겁게 녹음을 진행했다.

나는 담배꽁초 문제 이야기를 집중적으로 했다. 플로깅을 해 보니 실제로 너무나 많았고, 이는 플라스틱이기 때문에 우리 식탁을 위협할 수 있다는 정보를 전했다. 추가로 이러한 현실을 직면하고 와이퍼스가 담배꽁초를 주워서 직접 제조사로 보낸 꽁초 어택도 언급할 수 있었다.

아내 역시 지구 닦는 사람들 와이퍼스의 닦장 부인이라는 이름으로 녹음했다. 와이퍼스에서 하는 플로깅을 소개하고, 그 밖에 다양한 체험 활동을 한다고 알렸다. 또한 일상생활에서 어떻게 하면 쓰레기를 줄일지 고민하고 행동하는 습관을 들여 경제적 이득과 자존감 향상까지 경험하고 있다는 것을 조목조목 이야기했다. 마지막으로 "우리만 즐기기엔 너무 아깝거든요"라는 펀치 라인으로 정말 우리끼리만 누리기에는 아까운 심정까지 밝혔다.

녹음이 끝나고 드디어 방송 날이 되었다. 주차장에서 아내를 만나 차 안에서 서로 손을 꼭 잡고 방송이 나오기를 기다렸다. 혹시나 놓칠까 봐 주파수와 시간을 몇 번이나 확인했다. 귀에 들어오지 않는 광고들이 획획 지나간 후 유명한 제주 소년 오연준 군의 노래로 공익 광고가 시작되었다. "바람이 불어오는 곳~" 김광석의 노래가 오연준 군 목소리에 담겨 나오자 바로 청아한 제주 바다가 그려지는 것 같았다.

내레이션에 이어 내 목소리가 나왔다. "바다에 버려지는 쓰레기의 3분의 1 이상이 담배꽁초에서 나온다고 합니다"라는 문구로 시작한 내 목소리에 우리 부부는 떨림과 부끄러움과 낯간지러움과 오글거림이 뒤섞여 그냥 손을 더 꼭 부여잡았을 뿐이다. 한참 둔탁하고, 말도 더듬고, 심지어 일부 문맥도 맞지 않는 초보 녹음이었지만 담배꽁초 문제와 우리의 활동 그리고 지구 닦는 사람들, 와이퍼스라는 말이 KBS 1 라디오에서 언급된다는 것만으로도 충분히 감동적이었다.

그날 와이퍼스 단톡방은 축제 분위기였다. 우리 부부가 만들어 온 와이퍼스가 아니라 모두가 함께 만들어 온 모임이기에 그 이름이 언급되는 순간 모두 같은 감정을 느꼈다. 그 후 1년 동안 TBS에서 개그맨 황현희를 만나고 CBS 공익 광고 등 몇 군데 라디오에 더 출연하였지만 그중 하나를 뽑으라면 단연 첫 녹음이다. 그때 내가 라디오에서 했던 말을 지금도 지키냐고 묻는다면, 그래도 제법 잘 지키고 있다고 답할 수 있다.

하얗게 불태웠다, 그런데 필름도 불탔나 봐

낚시 채널, 토마토TV 등 케이블 방송에서 조금씩 다큐멘터리 방송

제의를 받던 우리 부부에게 드디어 첫 공중파 방송 섭외가 왔다. 그것도 무려 SBS에서 말이다. 긴급하게 섭외를 요청해서 죄송하다고 말하는 작가에게 우리는 무조건 "오케이!"를 외쳤다. 그렇게 하룻밤 만에 촬영 일정이 뚝딱 잡혔다. 일정이 확정되고 가족은 물론 주변 친한 친구들에게도 널리 자랑했다. 이렇게 급한 일이 착착 진행되어 갈 때 우리 부부는 조금 흥분을 가라앉혀야 했다.

아침 이른 시간에 우리 집으로 방송 차량이 왔다. 승합 차량에 떡하니 쓰여 있는 SBS라는 글자를 보며 우리는 또 연신 "우아!"를 외쳤다. 아내는 아침 일찍 일어나 화장을 했고, 나는 무슨 음료를 대접해야 할지 몰라 커피, 매실차, 오미자차, 탄산음료까지 준비했다. 지금 생각해 보면 분명 우리가 섭외 요청을 받아 결정한 건데 우리가 간청해서 모셔온 것 같은 그림이었다.

피디와 조연출이 1명씩 왔다. 거실에 카메라가 설치되었고, 텔레비전에서만 보던 마이크를 옷에 달아 주었다. 진짜 촬영한다는 실감이 났다. 아아, 하면서 마이크 테스트도 해 보고, 어디에 어떻게 앉아야 화면에 잘 나올지 세세한 부분까지 안내를 받았다.

기본 세팅이 완료되자 먼저 가볍게 다과를 먹으면서 오늘 촬영할 내용에 대해 이야기를 나눴다. 어떤 장면을 찍을지, 어떤 대화를 담을지 등 구체적인 촬영 안을 협의했다. 쓰레기를 줍는 내용은 이미 다른 방송에서 소개했으니, 집에서 친환경 물품을 사용하여 살림하는 모습, 용기를 챙겨 나가 장을 봐서 밥을 먹는 모습 그리고 마지막으로 친환경 제품을 사러 쇼핑하는 모습으로 오늘 촬영 일정이 정해졌다.

피디는 유쾌했고 조연출도 리액션이 좋아서 촬영 내내 유쾌한 분위기를 이어 갈 수 있었다.

아이스 브레이킹 후 부부 인터뷰와 친환경 살림법을 찍고 나니 금방 점심 준비를 해야 할 시간이 되었다. 라타투이는 우리 부부의 대표 메뉴로 방송에 소개된 적이 있어서 이번에는 용기내 캠페인을 실천하는 장면을 찍기로 했다. 그렇게 결정한 장보기 종목은 시장에서 튀겨서 바로 파는 돈까스와 떡볶이였다. 돈까스는 비건 지향을 하기 전에 가던 곳이고, 떡볶이는 단골집이라 어떤 용기가 필요한지 바로 알고 있었다.

용기와 장바구니를 챙겨 시장에 도착했다. 매주 가던 시장인데 뒤에 카메라가 따라오니 왜 그렇게 긴장되던지 손발이 어색해서 걸음걸이가 이상해지는 것 같았고, 평소와 달리 아내와 장난도 치지 못하면서 잔뜩 굳어서 장을 봤다. 첫 포장을 하려고 들어간 돈까스 가게에서 피디는 돈까스를 튀기는 장면부터 우리가 준비해 간 용기에 담는 장면까지 아주 꼼꼼하게 카메라에 담았다. 용기에 담긴 돈까스는 움직일 때마다 바삭바삭 튀김 옷이 스치는 소리를 냈다. 이어서 떡볶이 가게를 방문해서 용기에 잘 포장해 왔고, 두 가게 사장님 인터뷰 영상까지 담았다. 특히 떡볶이 가게는 우리 부부의 단골집이라 사장님도 신경 써서 인터뷰에 응했다. 포장 용기보다 이렇게 용기를 직접 가져오는 게 상인에게도 이익이 된다고 똑 부러지게 말씀하시는 모습을 보니 내가 다 뿌듯했다.

용기내 캠페인을 실천하면서 장을 보고 점심 식사를 하는 장면까지 촬영한 뒤 고생하는 두 분에게 소박하지만 식사를 대접했다. 남은 음식을 그냥 그대로 냉장고에 보관하면 되고, 쓰레기도 나오지 않으며, 분리배출을 할 필요도 없는 이러한 장보기 습관은 결코 불편한 것이 아니라 오히려 훨씬 편하다는 걸 강조했다. 이어서 소프넛 soap nut(무환자나무 열매)으로 설거지하고 추가로 몇 가지를 더 촬영했을 뿐인데 시간이 훌쩍 흘렀다. 집에서 촬영이 끝나는 시간을 오후 2~3시로 예상했는데, 이미 5시가 되고 있었다.

마지막 촬영은 우리 부부가 친환경 쇼핑을 하는 장면이었다. 동대문디자인플라자에 친환경 브랜드를 모아서 파는 가게를 섭외해 두었다고 해서 궁금증을 가지고 방문했다. 페트병을 재활용한 원사로 만든 액세서리를 비롯한 이런저런 제품을 구경하고, 이 제품이 왜 친환경적인지 서로 이야기 나누는 장면도 꼼꼼히 카메라에 담았다. 마지막으로 제품을 구매하고 나서야 오늘의 촬영이 끝났다.

10시간이나 촬영하며 하얗게 불태웠지만 뿌듯한 시간이었기에 우리도 준비했던 대나무 칫솔을 선물하면서 하루를 마무리했다. 3주에서 한 달 뒤 방송으로 나갈 거라는 말에 달력에 체크까지 해 두고 방영 날짜를 기다렸다. 우리는 금방 일상으로 돌아왔다. 회사에 다니면서 틈틈이 쓰레기를 줍고, 텀블러와 손수건을 들고 다니고, 육식을 조금이라도 줄이는 식단을 유지하면서 말이다. '방송이 나오면 그 영향력으로 우리처럼 소소하게 실천하는 평범한 시민들이 늘어나겠지'라는 희망에 부풀어 방송 날짜를 기다렸다.

그렇게 3주 정도가 지났을 때 처음 섭외했던 작가에게서 메일이 왔다. "죄송한 말씀을 전하게 되었습니다"라는 문장으로 시작된 메일에는 내부 협의를 거쳐 우리 부부 촬영 분량 전체가 빠지게 되었다는 내용이 있었다. 출연료는 그대로 지급한다고 적혀 있었으나 전혀 위로가 되지 않았다.

허탈감이 이루 말할 수 없었다. 너무 간절히 요청하길래 아내와 같이 연차를 쓰며 일정을 맞추었는데, 둘의 연차 비용을 합한 금액보다 훨씬 적은 출연료만 남게 된 셈이다. 이와 더불어 그렇게 같이 촬영했던 피디에게서 연락이 오는 것이 아니라 처음 섭외했던 작가에게서 툭 메일 하나만 오다니……. 아, 이게 방송사가 일하는 방식인가 싶었다.

결국 가장 크게 기대했던 우리 부부의 첫 공중파 촬영은 그렇게 둘만의 추억으로 남게 되었다. 지금까지 많은 방송과 매체에 소개되었지만 그 과정이 항상 즐겁고 유쾌한 것은 아니었다. 특히 녹화 방송은 좋은 그림을 만들기 위해 원래 생활과 다른 연출이 필요했으니 피로감이 컸다. 그럼에도 자꾸 이런 방송이 기획되고 소개된다는 것에 의미를 두고 힘들어도 촬영에 응할 생각이다. 앞으로 더 좋은 일이 더 많겠지!

플로깅으로 타일러 라쉬의 '성공한 덕후'가 되다

나는 타일러 라쉬의 팬이다. 〈비정상회담〉이라는 프로그램에서 한국인보다 더 한국어를 유창하게 이야기하는 모습을 보고 호감을 가졌는데 《두 번째 지구는 없다》를 읽고 말 그대로 팬이 되어 버렸다. 외국인이 한국어로 책을 내다니. 심지어 이렇게 명료하고 간결하게 기후 위기를 논하고 설명하다니. 모국어로도 글쓰기가 미숙하고 어려운 내게 타일러 라쉬의 환경에 대한 열정과 진정성 그리고 국적을 뛰어넘는 놀라운 언어 능력은 말 그대로 그를 존경의 대상으로 만들어 주었다.

그런데 KBS에서 그와 같이 촬영하자는 섭외가 들어왔으니 말 그대로 대박이었다. 촬영 자체보다 그를 만나러 간다는 설렘이 앞섰다. 만나면 무슨 말을 해야 할까? 내가 진짜 팬이라는 것을 어떻게 알리지? 와이퍼스에도 그의 팬이 많은데 다 부를 수는 없을 것 같고 어떻게 사인이라도 받아서 전달할 수 있을까? 수많은 생각을 하는 사이 앞서 겪은 통편집의 아픔도 사르르 사라졌다.

그를 만나러 가기 전에 그의 책을 3권 샀다. 나중에 소소한 이벤트를 해서 저자 친필 사인을 받은 책을 닦원들과 나누고 싶었다. 내가 가지고 있던 책까지 포함해 4권을 챙기고 겸사겸사 팬 인증도 할 겸 대나무 칫솔과 커피 찌꺼기로 만든 연필 그리고 명함도 챙겼다. 하루 빨리 촬영일이 와서 그를 영접하길 바랐다.

대망의 촬영일이 되었다. 피디와 스태프를 만나 먼저 여의도 한강공원 플로깅 장면을 찍었다. 쓰레기를 주우며 걷고 뛰면서 런지lunge 자세를 취하는 에너지 넘치는 모습과 6~7세 아이들이 이에 참여하는 흐뭇한 모습도 담았다. 한강에는 아니나 다를까 곳곳에 쓰레기가 숨어 있었고, 이미 여러번 함께 플로깅을 해 왔기에 호흡도 척척 맞았

　　　　　　　　　　　　　　지구 닦는 황 대리

다. 아이들도 나와 함께 몇 번 쓰레기를 주운 경험이 있어서 그런지 집게로 쓰레기를 주워 비닐에 담는 모습이 꽤나 안정적이었다.

그렇게 한강 공원에서 촬영을 마친 후 드디어 타일러 라쉬를 만나러 여의도 공원으로 이동했다. 한강에서 여의도 공원으로 가는 그 15분 남짓한 시간 동안 왜 그리 떨리던지. 이것이 팬심이란 말인가. 여자 아이돌을 보고도 평온했던 가슴이 두 살 어린 외국인 동생에게 설렜다.

그렇게 걷다 보니 저 멀리 여의도 공원 관리 사무소 앞에 익숙한 모습이 보였다. 타일러 라쉬, 바로 그였다! 나는 최대한 침착한 척 인사를 건네고 팬심을 감춘 채 촬영에 열중했다. 공원 구석구석을 거닐며 쓰레기를 줍고, 줍깅을 하며 내가 얻은 건강과 보람에 대해 이야기했다. 이날은 쓰레기를 주운 게 아니라 설렘과 기쁨을 봉지에 담는 기분이었다. 환경에 관심을 갖고 고작 1년 좀 넘게 쓰레기를 주웠을 뿐인데, 이렇게 존경하는 사람과 함께 이야기를 나눌 수 있다는 것 자체가 감사했다.

잘 줍고 분리배출까지 마무리한 뒤 드디어 이야기할 시간이 생겼다. 나는 수줍게 챙겨 온 책들과 선물을 꺼냈다. 책을 4권이나 꺼내자 그가 웃음을 터뜨렸다. 나의 팬심을 느낀 것이 분명했다. 벤치에서 그가 책에 사인하는 동안 내가 얼마나 공손하게 손을 모으고 있었는지 모른다. 숨소리만 겨우 냈던 것 같다. 내 책에는 "To. 닭장님", 나머지 3권에는 "To. 와이퍼스"라고 적혀 있었다. 타일러 라쉬는 사인도 멋있었다. 나중에 '내 아이의 한글 공부는 이 책으로 해야지' 하고 가보를 얻은 듯 소중하게 책을 받았다.

이렇게 시작된 인연은 나중에 다른 기업 행사에서도 이어졌다. 그와 개그우먼 홍현희의 남편으로 유명한 제이쓴(사실 그는 능력 있는 인테리어 전문가이다)이 진행한 행사에 나는 또 감사하게 패널로 초대되었다. 나를 기억이나 할까 싶었는데 인사할 때 기억해 주는 것을 보고 다시 한번 팬이 되었다. 사람에게도 지구에도 세심한 그를 보면서 마음속으로 이 말을 외쳤다.

'아, 조금만 더 빨리 쓰레기 주울걸!'

시민 영웅으로 뽑혀 〈아침마당〉 30주년 특별 방송에 출연하다

KBS 1, KBS 2 〈2TV 생생정보〉, 〈SBS 뉴스〉, EBS 〈다큐 잇it〉, 유튜브 채널 '대한민국 정부', CBS 유튜브 채널 '씨리얼' 등 정말 다양한 곳에서 인터뷰와 촬영을 했지만 그중에서 기억에 남는 하나를 뽑으라면 단연 〈아침마당〉이다. "빠밤, 빠밤, 빠밤! 빠밤빰 빠바밤"으로 시작하는 경쾌한 인트로를 모르는 사람이 있을까? 웬만한 30대라면 90% 이상은 이 음악만 듣고도 〈아침마당〉을 떠올릴 것이다.

그런 〈아침마당〉에서 우리 부부에게 연락을 했다. 그것도 그냥 섭외 요청이 아니라 30주년 특집이라니. 맞벌이 부부일 뿐인 우리가 그런 곳에 섭외될 자격이 있는지 궁금했다. 〈아침마당〉 30주년 특집은 '희망은 당신입니다. 우리 동네 영웅들'이라는 타이틀로 진행되었는데, 그중 우리는 지구를 청소하는 부부로 섭외 요청이 왔다. 수십 년을 나라와 사회를 위해 봉사하신 분들 사이에 감히 어깨를 나란히 하고 참여해도 되는지 고민했지만 평생 다시 오지 않을 기회라고 생각해 출연하기로 했다.

출연을 결정하자 주변 반응이 이전과 확연히 달랐다. 가장 달랐던 것은 바로 장인어른이었다. 지금까지는 타일러 라쉬를 만났다, 제이쓴을 만났다, EBS에 나왔다고 말씀드려도 크게 반응이 없었는데, 〈아침마당〉이라는 말을 들으시고는 한 번도 본 적 없는 리액션을 하셨다. 농담을 조금 더 보태면 대전 곳곳에 플래카드를 붙일 기세였다.

출연진의 인지도도 달랐다. 김종민, 김신영, 박상민, 김수찬, 산악인 엄홍길 선생님까지 모르는 사람을 찾기가 어려울 정도였다. 나처럼 초대된 시민들 역시 대단하신 분들이었다. 43년간 620회나 헌혈하며 마라톤을 한 분, 40년 동안 매일 새벽 4시에 일어나 교통 봉사를 한 분, 40년 넘게 호떡을 만들어 기부한 부부, 네 아이를 입양해서 행복한 가정을 이뤄 나가는 부부까지. 이런 이력에 비해 이제 고작 3년째 지구를 청소한다고 출연하는 우리 부부의 이력은 너무 초라해 보였다. 방송에 나가서 이분들 이야기를 듣는 것 자체를 영광으로 여기기로 마음먹었다.

생방송 전 사전 영상을 촬영하려고 제작진과 플로깅을 갔다. 임팩트 있는 쓰레기를 촬영하고 싶다고 해서 멀리 인천 무의도까지 해변청소를 나갔다. 찾아간 곳은 무의도 끝자락에 있는 광명항으로, 앞서 말한 차박 열풍이 분 곳이었다. 아침 일찍 도착했을 때만 해도 한산하던 주차장이 청소를 마친 점심 무렵이 되자 알록달록한 텐트가 펼쳐

진 차산차해車山車海가 되었다. 주차장에서 조금 떨어진 해변으로 가는 길은 그야말로 쓰레기 지옥이었다. 분명 쓰레기 버리는 곳이 아닌데도 나 하나쯤은 하고 버린 쓰레기가 모여 완벽한 쓰레기장이 되어 있었다.

인적이 드문 해변은 언뜻 봐서는 쓰레기가 없어 보였다. 하지만 근처 풀숲을 뒤지자 숨어 있던 스티로폼 부표부터 타이어, 밧줄, 아이스박스까지 온갖 쓰레기가 정체를 드러냈다. 이날 주운 쓰레기만 100L짜리 마대자루 17개와 타이어 2개로 최소 155kg은 되었다. 8명이 약 2시간 주운 결과였다. 방송을 앞두고 다시 한번 이런 현실을 세상에 잘 알려야 하겠다고 마음을 다잡았다.

생방송 촬영 당일에는 아침 6시에 방송국에 도착했다. 나의 중요한 일정에는 늘 그러했듯 또 비가 왔다. 잊지 못할 추억이 생길 좋은 징조로 여기고 방송국에 들어갔다. 대기실에는 먼저 도착한 영웅들이 있었다. 강렬한 빨간색 옷을 차려입은 교통 봉사 영웅과 멀리서 온 호떡 기부 영웅 노부부가 있었다. 미리 챙겨 간 대나무 칫솔과 커피 찌꺼기로 만든 연필 그리고 친환경 명함을 건네며 인사를 드렸다.

유명한 방송이라서 그런지 메이크업도 해 주었다. 결혼한 이후 메이크업받을 일은 평생 없을 거라고 생각했는데, 환경 활동을 시작하고 나서 메이크업받을 일이 종종 생기는 것이 신기했다. 메이크업을 마치니 작가가 1명씩 준비해 온 대본을 주었다. 나와 아내 이름 그리고 우리 대사에 일일이 형광색으로 체크해 둔 것을 보고 그 노고가 느껴졌다. 두꺼운 대본을 버리기 아까워 아직도 이면지로 쓰고 있다.

지구 닦는 황 대리

리허설 시간이 다가오자 하나 둘 연예인이 보였다. 눈에 들어오는 분마다 선물을 하나씩 주며 인사를 건넸고, 사진도 부탁했다. 아내와 연신 돌고래 소리를 내며 사진을 찍다 보니 어느덧 리허설까지 마치고 본방송 시간이 되었다.

오늘 방송은 30주년 특집이라 특별히 방송 시간도 10분 연장된다고 했다. 그만큼 중요한 방송이고 생방송이라 아내와 지금까지 활동해 온 것을 진정성 있게 잘 보여 주고 방송을 즐기다 가고 싶었다. 다행히 대기실에서부터 시민 영웅들과 인사 나누고 선물도 드린 후 함께하는 거라 큰 부담 없이 방송을 이어 갈 수 있었다. 외려 떨리는 걸로 따지면 처음 라디오가 훨씬 떨렸다.

가수들의 무대가 중간중간 준비되어 긴장을 풀 수 있었다. 다른 영웅들 이야기도 귀를 쫑긋 세우고 듣다 보니 시간이 금방 갔다. 우리 부부에 대한 소개와 칭찬도 이어졌다. 특히 가수 김수찬 씨가 "승용이 형님이 대나무 칫솔을 선물로 줬다"며 자랑했을 때와 우리가 주운 담배꽁초를 개그맨 이용식 선생님이 보여 주며 소개했을 때가 기억이 남는다.

방송이 거의 끝나기 직전 마지막 한마디를 건네는 시간에 저번 라디오에서 서툴게 마무리 지었던 펀치 라인이 생각났다. 그래서 속으로 몇 번 연습을 하고 말을 꺼냈다.

특히 아이가 있으신 부모님들께 꼭 한 말씀 드리고 싶습니다. 돈을 많이 벌어서 아이들에게 최고급 마스크를 사 주는 게 좋은 부모인

〈아침마당〉 출연자들과 찍은 기념 사진

지, 아니면 아이들이 마스크를 쓸 일이 없는 깨끗한 세상을 만들어
주는 것이 좋은 부모인지…….

여기까지 이야기하는데 박수갈채가 터져 나왔다. 오늘 방송을 통틀
어 가장 큰 박수라는 김재원 아나운서의 말에 그제야 전달하고 싶었
던 메시지를 잘 전했다는 안도감이 들었다.

방송을 마친 후 여기저기서 연락이 왔다. 〈아침마당〉을 보고 왔다
며 와이퍼스 단톡방을 찾아온 사람도 있었고 출연 소식을 말하지 않
았던 사람들에게서도 연락이 왔다. 황 서방 멘트가 좋았다는 장인·장
모님의 칭찬과 긴장하지 않고 잘했다는 부모님의 소감도 들었다. 그

지구 닦는 황 대리

렇게 평생 한 번밖에 없는 〈아침마당〉 30주년 특집은 우리 부부에게 과분한 선물이 되었다. 최소한 나중에 우리 부부에게 아이가 생겼을 때 이 영상을 함께 본다면 아이에게 조금은 자랑스러운 부모가 될 수 있을 것 같았다.

돈을 베푸는 데서 끝나지 않는, 함께 성장하는 기부

"나눌 줄 아는 용기를 얻었다."

앞서도 이야기했지만, 나는 아버지의 사업 실패로 한순간 무너진 집안의 가장이 되었다. 서울 132㎡(40평) 자가 아파트에서 낡은 월세 다가구 주택으로 옮기기까지 채 3년이 걸리지 않았고, 집에 사채업자까지 찾아올 정도로 집안은 풍비박산이 났다. 그 당시 나는 20대 중후반으로 다니던 대학원을 바로 그만두고 취업했다. 취업한 후에도 형편이 어려워 학생 때부터 모아온 적금을 깨야 했고, 암담한 미래에 삶과 죽음의 경계에서 고민해야 할 만큼 살아 낸다는 것 자체가 치열한 전쟁이었다.

그런 내게 기부하는 사람들은 그저 동경의 대상일 뿐이었다. 조금 더 나쁘게 말하면 남의 일이었다. 내게 평생 그럴 여유가 있을까 싶었다. 하지만 와이퍼스 활동을 하면서 나도 그런 기부를 할 용기를 내게 되었다. 환경 활동을 시작하면서 만난 분들에게서 얻은 선한 인연의 에너지를 누군가에게 돌려주고 싶었다. 크지는 않지만 사비를 들이고 다른 분들의 도움을 받아 소소하게 기부 모금 행사를 진행했고, 336만 원을 모금하게 되었다.

이렇게 땀 흘려 모은 금액을 기부한 뒤 나는 분명히 느낄 수 있었다. 기부는 누구보다 자기 자신에게 가장 큰 뿌듯함으로 남는다는 것을 말이다. 마음 하나로 진행한 내 기부 이야기를 공유한다.

기부도 와이퍼스 스타일로 하자

"수익금이 아니라 제작 비용까지 전액 기부 조건! 힘닿는 데까지 리워드는 직접 전달!"

와이퍼스를 만들고 다가온 첫 연말에 거창한 기부 행사보다 내부적으로 소소하고 재미있게 모금 행사를 하고 싶었다. 그래서 와이퍼스 닦원들에게 감사 인사를 드리는 정도로 콘셉트를 잡아 1만 원을 기부해도 그 금액에 맞는 리워드를 직접 전달하기로 했다. 그리고 수익금을 기부하는 게 아니라 제작비와 배송비를 포함한 모금액 전액을 기부하기로 결정했다. 수익금만 기부하면 나는 기부한 게 아니라 닦원들만 기부하는 게 아닌가? 와이퍼스에서 가장 큰 에너지를 얻은 사람은 다름 아닌 나 자신이기에 내가 가장 큰 금액을 기부하는 것이 당연하다고 생각했다. 와이퍼스의 첫 기부는 이런 의도로 시작되었다.

이런 내용을 SNS에 올리고 리워드를 준비하면서 기적이 일어났다. 어떻게 알았는지 모르지만 여기저기서 "닦장님, 행사 준비하면서 이

지구 닦는 황 대리

것도 쓰셔요"라며 추가 선물이 들어오기 시작했다. 처음에는 대나무 칫솔과 커피 찌꺼기로 만든 연필, 수세미 정도로 생각했던 와이퍼스의 리워드가 순면 머플러, 산세베이리아 커피 화분, 허니 랩(밀랍 랩) 등으로 다양해졌다.

리워드 준비와 배송에 들인 사비는 약 170만 원이었다. 10만 원을 기부하고 리워드를 받은 회사 동료가 "이렇게 주면 뭐가 남아서 기부해?"라고 진지하게 물었을 만큼 리워드는 풍성했다. 그리고 모든 물품은 최소한 내가 직접 써 본 것들로만 정했다. 단순히 기부 행사를 위한 것이 아니라 내가 써 보고 좋은 것을 닦원들과 나누고 싶은 마음도 있었다.

예를 들어 10만 원을 기부하면 대나무 칫솔 10개와 커피 찌꺼기로 만든 연필 2자루, 친환경 수세미 1개, 허니 랩 키트, 순면 머플러, 마지막으로 산세베이리아 커피 화분까지 리워드로 제공했다. 보통 커피 화분과 산세베이리아를 합쳐 3만~4만 원대인 것을 감안하면 기부자로서도 충분히 풍성하다는 느낌을 받았을 것이다.

아내와 직접 포장하고 한 분씩 인사하며 리워드를 전달하는 과정도 잊지 못할 추억이 되었다. 전체 기부자 중 절반 이상이 직접 수령을 택했다. "역삼역 게이트에서 만나요", "강남역 지하철 3-4 승강장에서 만나요"처럼 우리 만남은 007 작전을 방불케 했다. 하루에 환승을 네 번밖에 할 수 없다는 것도 리워드를 전달하며 알게 되었다. 나는 펭귄 모자와 산타 모자를 번갈아 쓰며 작게나마 연말 분위기를 냈고 웃으며 받아주는 분들 덕분에 웃음이 끊이지 않았다. 게다가 기부하고 리워드를 받으러 오는 분들이 우리에게 고생한다며 선물을 하나씩 주었다. 누군가는 과자를, 누군가는 직접 딴 블루베리와 잼을, 누군가는 직접 뜨개질한 컵받침을, 또 누군가는 귤과 차를……. 분명히 리워드를 드리기 위해 양손 무겁게 집을 나섰는데, 집에 돌아오는 길 역시 양손이 무거운 기적이 한 달 내내 계속되었다.

포장은 집에 있는 쇼핑백이나 과자 박스 등을 다양하게 활용했는데, 이마저도 닦원들은 빈티지 에디션이라며 진심으로 좋아했다. 구매, 포장, 전달까지 모든 과정을 아내와 함께했고, 결과적으로 총 80분이 참여해서 336만 5,000원이 모금되었다. 함께라는 에너지가 만들어 낸 결과에 그저 감사할 뿐이었다. 잘 모은 기부금을 유용하게 잘 쓰는 일만 남아 있었다.

곁에 머무는 기부, 꿈이 자라는 텃밭

'인증 숏을 남기고 떠나는 기부가 아닌 곁에 머무는 기부'

나는 모금만 하면 기부는 금방 끝날 거라고 생각했다. 애초부터 보육원에 기부하기로 했기 때문에 적당한 곳을 찾아 전달하고 사진을 남기면 모금 행사로 시작된 모든 기부의 마침표가 찍어질 거라고 생각했다. 직접 기부해 보기 전까지는 그랬다.

결론부터 말하면 기부 자체는 쉽게 할 수 있다. 하지만 의미 있는 기부를 하기는 매우 어렵다. 큰 재단 같은 곳을 통해 기부하면 절차가 간단해 기부금 전달식을 하고 인증 숏 남기기도 편하다. 기부금 영수

지구 닦는 황 대리

증을 발급받기도 쉽고 쾌척한 곳에서 담당자와 인사 나누며 서로 좋은 일 한다고 칭찬해 주기도 좋다. 다만 정말 내가 기부한 금액이 어떤 비율로 어떻게 쓰였는지는 알기 어렵다.

처음 기부하기로 결정한 것은 트리플래닛이라는 기업에서 초등학교에 교실 숲을 조성해 주는 봉사 활동에 참여하면서부터였다. 반려 식물을 판매할 때마다 구매자 이름으로 산불 피해 지역에 나무를 심는 사업 모델에 관심이 있었는데, 교실에 숲을 만들어 주는 봉사를 함께 진행하면서 나도 이런 기부를 하고 싶다고 결심하게 되었다. 그리고 기부에 참여한 사람들과 함께 직접 땀을 흘리고 기부 이후에도 지속적으로 함께 관리하는 곁에 머무는 기부를 하기로 마음먹었다.

기부처를 정하는 데만 4개월이 걸렸다. 연말에는 보육원도 여러 기부 문의로 바빠서 호의적으로 전화를 받지 않았다. 환경과 관련된 의미 있는 현물을 기부하며 장기 협약까지 원하는 나를 반기는 곳은 없었다. 그냥 현금으로 기부하기를 바라는 곳이 많았다. 대여섯 군데를 전화해 보다가 말 그대로 멘붕이 왔다. 기부 행사를 진행하며 짐 때문에 한 달 동안 소파에 앉지도 못하면서 모은 돈을 이렇게 허탈하게 쓸 수 없었다. 그러다가 서울시 자원 봉사 센터에서 기부할 곳을 추천해 주었고, 그렇게 관악구에 있는 동명아동복지센터와 인연을 맺을 수 있었다.

동명아동복지센터와는 단순히 기부하고 끝나는 것이 아니라 아이들과 동네를 닦으며 사회적으로 기여하고, 최소 10년 이상 아이들과 함께하며 아이들이 센터를 떠날 때 와이퍼스를 통한 정서적 울타리를 제공하는 것을 큰 그림으로 잡았다. 코로나19로 아이들과 같이 지구를 닦지는 못했지만 어차피 10년이라는 시간을 함께할 테니 우울해하지 않기로 했다. 그렇게 기부처를 정하고 기부를 진행하기까지 약 7개월이 걸렸다.

선정된 기부처와 무엇을 기부할지 천천히 논의했다. 모든 과정에서 대충 하거나 적당히 넘어가는 부분이 없도록 센터 선생님들과 꾸준히 연락을 주고받으며 의견을 조율했다. 센터 앞 놀이터에 난간이 있어서 아이들이 떨어질 위험이 있으니 난간 앞에 커다랗게 화단을 만들어 주면 좋겠다고 센터에서 요청했다. 화단을 어떻게 만들지, 크기는 어떻게 할지, 무엇을 심을지 꼼꼼히 준비했다.

그리고 마침내 화단을 만드는 날이 되었다. 아침 일찍 농원에 가서 모종을 꼼꼼히 골랐다. 과실수와 꽃 그리고 아이들이 키워서 먹을 수 있는 채소 텃밭까지 만들기로 했다. 최종으로 사과나무와 무화과나무, 포도나무, 장미와 핑크 뮬리, 당근, 배추, 무, 쌈 채소류까지 다양하게 샀다. 기부에 참여한 분들과 모두 함께하고 싶었으나 코로나19로 인원 제한이 있어서 8명만 함께했다. 나무판자를 조립해서 화단을 만들고, 흙을 담아다 나무를 심고 물을 주고 나니 어느덧 서너 시간이 훌쩍 지나갔다. 마지막으로 화단 가운데에 현판까지 놓고 나니 정말 아이들에게 기부했다는 뿌듯함이 가득했다. 태어나서 처음 느껴보는 감정이었다.

우리가 꿈이 자라는 텃밭 조성을 준비하는 사이 센터에서는 와이퍼스와 함께 앞으로 1년 동안 지구를 닦을 리틀 와이퍼스 1기를 선발

했다. 초등학교 4~6학년으로 이루어진 리틀 닦원 7명은 벌써 센터 안에 지구를 지켜야 한다는 포스터를 만들어 붙여 두고 있었다. 작은 실천이 큰 실천이 된다면서 센터 선생님들이 쓰는 일회용 식기를 앞장서서 바꾸는 아이들을 보니 코로나19가 안정된 뒤 이 친구들과 함께할 활동이 기대되었다.

아이들이 중학교와 고등학교를 거쳐 성인이 되어 센터에서 독립한 후에도 와이퍼스가 정서적으로 힘이 되고, 정말 가족처럼 함께할 수 있기를 간절히 바란다. 동시에 그때까지 부디 와이퍼스가 초심을 잃지 않고 지금처럼 온기가 넘치는 상태로 유지되기를 바란다. 그렇게 전국에 있는 소외 아동들이 기후 위기와 정서적 고립감을 잘 이겨 내고 성장할 수 있다면 앞으로 기부는 얼마든지 더 할 수 있을 것 같다.

 기부와 나눔에 대하여

예전까지 기부라고 하면 연말에 산타복을 입은 사람들이 진행하는 거리 모금이 있었고, 수해 지역에 기부를 하는 ARS 방식도 있었다. 활동적 참여라기보다는 금전적 참여가 대부분이었다. 기부에 참여해 주셔서 감사하다는 편지나 기부 모금 총계 정도를 보면서 만족하는 것이 기존의 방식이었다. "우아~ 1억 원이 넘었어! 저 사람은 100만 원 기부했대!"와 같은 리액션과 함께 말이다.

최근에는 사회적 책임에 관심이 높아지면서 시민이 주최하는 다양한 기부 활동이 눈에 띈다. 발걸음 횟수로 기부가 되는 앱도 있고, 달린 거리만큼 기부금을 쌓아 태양광 패널을 지으려는 모임도 있다. 특히 젊은 세대에서 직접적으로 경제적 참여는 못하더라도 몸을 써서 기부하려는 움직임은 유행처럼 번지고 있다. 사회적 가치를 위해 직접 내 몸을 움직이는 문화가 확산된다는 건 기쁜 소식이다.

나도 예전 기부 방식에는 크게 흥미가 가지 않았다. 가장 큰 이유는 투명성이다. 내가 10만 원을 기부해도 수여자에게 돌아가는 돈은 절반도 되지 않는다는 풍문을 들은 적이 있기 때문이다. 그리고 내가 낸 돈을 전달할 때 직접 그 사람에게 도움을 주면서 전달하고 싶다는 욕심도 있었다. 한마디로 과정까지 온전히 참여하는 방식의 기부를 해 보고 싶었다.

전체 모금액 336만 원 중 기부한 돈은 300만 원이다. 나머지는 센터와 미팅할 때마다 아이들에게 사다 준 간식이나 와이퍼스 운영에 썼다고 해도 90%를 오롯이 수요자에게 전달한 기부는 충분히 의미가 있다고 생각한다. 코로나19만 아니었으면 화단을 만들고 아이들과 인사하고 같이 지구도 닦는 체험을 기부에 동참한 80명과 함께했을 텐데 이 부분이 너무 아쉽다.

화단 조성에 관한 영상은 QR 링크로 확인할 수 있다. 직접 기부처를 정하고 정말 필요한 것이 무엇인지를 지속적인 미팅과 통화로 알아보고, 그렇게 조율한 의견에 맞게 작물을 골라 나르고, 화단을 준비하고 심고 가꾸는 것까지가 이루어졌다. 내가 틀릴 수도 있겠지만 이것이 내가 생각하는 올바른 기부

지구 닦는 황 대리

이다. 주고 끝이 아니라 같이 함께하는 기부 문화가 널리 퍼지면 좋겠다. 이 글을 읽는 여러분이 관악구 근처에 산다면 와이퍼스를 통해 동명아동복지센터 아이들과 인연을 맺으면 어떨까? 돈보다 마음과 행동을 나눠 줄 여러분을 항상 기다리고 있다.

몇 번의 고배 끝에 받은 환경부장관상

매체에서 관심을 갖는 것에 비해 유난히 상복이나 공모전 운이 없었던 2020년. 열 번 넘게 퇴고한 2020년 우수 환경 도서 독후감 공모 대회만큼은 붙을 자신이 있었는데 결국 순위권에 들지 못하고 떨어졌다. 지원 사업 공모전을 포함해 사진과 독후감 공모전까지 스무 번 가까이 공모전에 지원해서 정말 소박한 장려상 하나를 빼고는 모두 고배를 마셨다.

공모전에서 떨어질 때마다 내가 하는 활동이 올바른 방향이 아닌가 하는 의심이 생겼고 쓰레기는 주울 줄 알지만 좋은 비영리 사업 모델을 만드는 재주는 없는 건가 하는 생각이 들면서 의기소침해졌다. 내가 꼭 받고 싶은 상은 환경부장관상이었다. 환경 활동을 하는 시민으로서, 와이퍼스라는 모임의 리더로서 지금까지 내가 해 온 활동이 틀리지 않았다는 것을 증명받고 싶었다. 특히 나중에 와이퍼스가 비영리 사단 법인이나 민간 단체 등 정식 단체가 되기 전에 평범한 사람들이 모인 지금 모습으로 인정받고 싶었다. 그래서 조바심이 났던 것 같다.

그렇게 낙방만 하던 공모전 운이 2021년부터는 살포시 나를 비추기 시작했다. 2021년 5월 서울시 NPO 지원 센터 공모 사업에 선정된 것을 시작으로 카카오 프로젝트100, 숲과나눔 재단에서 지원하는 풀씨 사업까지 선정되었다. 모두 꼭 합격하고 싶었던 지원 사업이기에 감회가 남달랐다. 그러던 중 왜 작년에는 그렇게 공모전에서 떨어졌는지 그 원인도 어렴풋이 깨닫게 되었다.

지금까지 공모전에 참여할 때는 '나'라는 사람의 활동 증빙은 있지만 '와이퍼스'라는 단체가 어떤 일을 했는지에 대한 자료가 부족했다. 아무리 내가 공모전을 잘 기획해도 다른 곳에서도 많이 하는 봉사 활동인 쓰레기 줍기와 차별성을 갖기 어려웠다. 심사 위원들 눈에는 열심히 쓰레기 줍기를 하는 개인이 만든 소소한 봉사 모임을 정식 사업으로 지원하는 데 부담이 있었을 것이다.

와이퍼스 활동이 꾸준히 1년 동안 지속되고 이에 대한 자료가 쌓이니 그때부터 공모전에 선정되는 확률이 눈에 띄게 높아졌다. 그동안은 닥치는 대로 공모전에 지원했는데 이제는 와이퍼스의 색깔과 잘 부합하는 곳에만 지원서를 내니 공모전을 준비하는 수고로움도 줄일 수 있었다. 탐이 나는 공모전이 있더라도 나 자신이 평범한 직장인임을 인지하고, 내가 감당할 수 있는 수준에서만 지원했다. 그리고 합격한 지원 사업이나 공모전은 주최 측이 만족할 정도로 최선을 다해 이행했다.

전국지속가능발전협의회에서 주최하는 지속가능발전대상 공모전은 SDGs_{Sustainable Development Goals}를 실천하는 전국의 시민, 단체, 기업, 지자체를 대상으로 진행되었다. 대한민국의 지속 가능한 발전을 도모한다는 취지로 시작된 이 공모전에서 나는 시민 분야로 지원했다. 분야별로 한두 팀 정도에만 환경부장관상의 영예가 돌아간다. 나는 간절한 마음으로 하지만 담담하게 지금까지 혼자서 그리고 와이퍼스와 함께한 활동을 하나씩 정리했다.

총 77개 팀이 접수했으며 시민 분야는 총 28팀이었는데, 이 중 2등 안에는 들어야 내가 원하는 환경부장관상을 수상할 수 있었다. 다행히 1차 서면 심사를 통과했고, 상위 5개 팀에 들 수 있었다. 확률은 40%. 이제 팀별 PT와 시민 온라인 투표만 남아 있었다. 퇴근 후에는 항상 PT 자료를 만들고 발표 연습을 하고 빠진 것은 없나 다시 고민하다 보니 금방 PT 날이 되었다.

마침 PT 심사가 있는 날은 우리 회사 창립 기념일이었다. 운명이었을까? 굳이 소중한 연차를 쓸 필요도 없이 편하게 발표를 했다. 이미 마흔 번이 넘는 인터뷰와 강연 등으로 익숙해진 단어들은 이제 전달할 때도 편안함이 느껴졌다. 심사 위원들의 반응도 긍정적이었다. 직장인 환경 활동가라는 것을 좋게 봐주었고, 특별한 지원금이나 굿즈 없이도 와이퍼스가 가진 선한 정체성이 커져 가는 것이 고무적이라고 평가해 주었다. 훈훈한 분위기에서 발표는 잘 마무리되었다.

이번 기회를 놓친다면 와이퍼스가 시민 모임이라는 이름으로 상을 받는 일은 평생 없을 것이었다. 비영리 법인 설립을 준비하는 상황에서 법규나 다른 기업 등의 지원에 얽매이지 않고 동아리처럼 즐겁게 활동해 온 나와 닦원의 활동이 보상으로 이어지면 좋겠다고 기원했다. 마지막 날까지 닦원들도 열심히 주변에 투표를 독려했고, 나와 함께 기도했다. 그리고 마침내 결과가 나왔다.

제23회 지속가능발전대상 우수 사례 선정 결과

'황승용(와이퍼스), 환경부장관상'

놀랍게도 와이퍼스 이름이 가장 위에 있었다. PT 심사, 온라인 투표에서 각각 1등을 차지해서 시민 분야 1등으로 환경부장관상을 수상하게 된 것이다. 쟁쟁한 시민팀 28팀 중에서 1등이라니! 믿기지 않아서 몇 번이고 다시 확인하고 2~3시간이 지나서야 주변에 이야기했다. 다행히 번복은 없었다.

닦원 모두 축하를 아끼지 않았고, 처음 쓰레기를 줍는 과정부터 함께한 아내가 누구보다 축하해 주었다. 부모님과 장인·장모님에게서도 축하한다는 연락이 왔고, 친구들과 회사 동료들 역시 축하해 주었다. 나 혼자만 열심히 활동한 것이 아니라 닦원 500명과 함께 이룬 성과이기에 더 값진 상이었다.

환경에 관심을 갖고 활동한 지 2년 반. 편한 길보다 진정성이 닿는 길을 선택해서 나아갔고, 순간의 이익보다는 마음을 전하기 위해 노력했다. 온전히 모든 이의 마음을 충족시킬 수는 없었겠지만 그래도 힘이 닿는 데까지는 와이퍼스와 뜻이 맞는 다수의 마음을 어루만지려고 노력해 왔다. 그 마음이 수치로 정리되기까지는 시간이 필요했던 것 같다. 중간중간 조급할 때도 있었지만, 결국 이번 수상으로 내

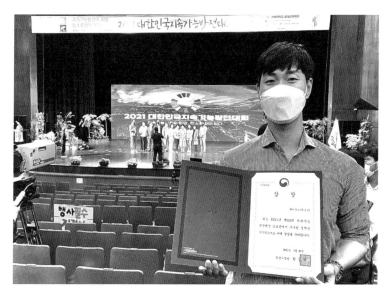

고대하던 환경부장관상 수상 후 기념사진

마음이 남에게 닿는다는 걸 알 수 있었다. 그렇게 계속 나아가려고 한다. 더 많은 사람에게 닿을 때까지.

환경부 장관에게 170여 통의 손 편지가 전달되다

환경부장관상을 수상하게 된 데에 숨겨진 기쁨 포인트가 하나 더 있다. 담배꽁초 투기 문제를 해결하려고 환경부 장관에게 쓴 손 편지들을 드디어 전달할 기회가 생긴 것이다(2부에 나오는 담배꽁초 관련 내용 참조). 170통이 넘는 전국 각지에서 미취학 아이들부터 어르신까지 손수 적어 준 편지들을 드디어 직접 전달할 수 있다니!

사실 이제야 말하지만 환경부 장관에게 손 편지 쓰기 캠페인을 시작했을 때 나는 환경부 장관을 만날 아무런 연결 고리가 없어서 걱정이 이만저만이 아니었다. 아무리 내가 환경부 장관에게 편지를 써 달라고 요청했다 해도 닦원들은 대체 뭘 믿고 이렇게 정성스럽게 편지를 써서 보냈을까? 아무도 "닦장님은 환경부 장관님을 아시나요?"라고 묻지 않았다. 그저 묵묵히 내게 간절한 사연을 보내 왔다. 자그마치 176명이나 말이다.

지성이면 감천이라고 했던가? 이 타이밍에 환경부장관상을 수상하게 되다니. 주최 측에 문의해 보니 시상식에는 환경부 장관이 참석하여 직접 시상한다고 했다. 됐다. 나는 이제 더는 거짓말쟁이, 허풍쟁이가 아니다. 환경부 장관에게 꼭 편지를 전하겠다는 약속을 지킬 수 있게 되었다. 나를 믿고 편지를 써 준 어린이와 학생, 누군가의 부모, 어르신에게 당당하게 소식을 전할 수 있게 되었다.

하지만 내 삶은 항상 한 번에 풀리지 않는 것이 특징이다. 주최 측에서 갑자기 연락이 왔다. 환경부 장관이 시상식에는 참석하지만 중간에 일정이 있어서 따로 편지를 전달할 시간을 내는 건 불가능하다고 했다. 시상식에서 환경부 장관을 만나 와이퍼스 자랑도 하고 직접 편지도 건네고 싶었는데 잠깐 사담도 나눌 수 없다니. 서둘러 대안을 마련해야 했다.

무작정 한정애 국회 의원 사무실로 연락했다. 보좌관과 통화하고 사정을 이야기했는데, 전달은 할 수 있지만 직접 보기는 어렵다는 답변이 왔다. 차라리 환경부 장관 비서실과 통화해 보는 건 어떻겠냐고 제안했다. 환경부 장관 비서실로 연락하자 자기들 소관이 아니라 환경부 자원순환정책과로 연락해야 한다고 했다. 그쪽으로 연락했더니 이번에도 자기들 소관이 아니라며 자원재활용과 사무관을 연결해 주었다. 이쯤 되니 이러다 환경부 공무원 모두와 통화하게 되는 게 아닐까 걱정까지 되었다. 그런데 이번 사무관은 아무리 전화해도 연결이 안 되는 게 아닌가. 외근인가? 연차인가? 코로나19로 부서가 쉬나? 일주일 내내 연락한 끝에 마침내 연결되었다.

"직접 전달하기는 어려운데요."

담당 사무관의 첫 답변은 기존에 통화했던 다른 사람들과 비슷했다. 하지만 더 물러날 곳이 없었다. 와이퍼스가 어떤 모임이며 지금까지 어떤 활동을 했고 이번에 환경부장관상도 받았으며 170명이 넘는 인원이 손 편지를 썼으며 등등 온갖 사정을 말해 가며 하소연했다. 특히 아이들과 학생들의 진정성이 담긴 편지를 꼭 전달해서 희망을 전하고 싶다고 강조했다.

그래도 마음이 통했는지 마침내 환경부 장관과 자리를 마련해 주었다. 환경부와 강북구청이 담배꽁초 회수와 재활용에 대한 협약식을 하는데 여기에 와이퍼스를 초대하겠다는 것이었다. 그런데 이게 전부가 아니라 장관, 차관, 구청장 등이 모인 협약식에서 내게 6~7분 정도 와이퍼스를 소개하고 편지도 직접 장관에게 전달할 기회까지 주겠다는 것이었다. 일이 안 풀리려면 한없이 안 풀리고 풀릴 때는 한 번에 풀리나 보다.

나는 캠페인의 의미를 조금 더 잘 담기 위해 가장 감명 깊게 편지를 쓴 학생이 직접 환경부 장관에게 편지를 전달할 수 있게 해 달라고 요청했다. 내가 전달하는 것보다 그 편이 더 의미 있다고 생각했다. 학생도 학생의 부모님도 흔쾌히 제안을 받아들였고 평생 한 번 있을까 말까 한 영광스러운 일이라며 학교도 결석하고 행사에 동참했다.

협약식 당일 1차 오프라인 꽁초 어택 영상을 환경부 장관과 구청장 앞에서 재생했다. 40분 만에 담배꽁초 4,000개가 순식간에 차는 현장. 그 과정에서도 웃고 있는 닦원들. 꽁초는 미워해도 사람은 미워하지 말자며 담배꽁초가 담긴 페트병을 열심히 닦는 장면. 다 함께 롤링페이퍼를 쓰면서 제조사에 간절한 마음을 담는 모습. 그 모든 순간이 더 많은 사람에게 알려지는 순간이었다.

혼자 시작한 쓰레기 줍기, 그러다가 알게 된 담배꽁초의 문제점, 남이 해결해 줄 때까지 기다리지 않고 뭐든 해 보자고 달려든 꽁초 어택. 소소한 내 활동이 수백 명의 행동을 이끌어 내고 결국 국가에서 환경 정책에 관해 가장 큰 영향력을 가진 사람에게 직접 메시지도 전할 수 있게 되었다.

환경부 장관에게 편지를 전하는 학생 역시 1년 넘게 와이퍼스 활동을 꾸준히 해 왔다. 같이 나무를 심으러 가고 1차 꽁초 어택에도 참여했다. 와이퍼스가 성장하는 모습을 함께한 증인이 평생 기념이 될 기회를 얻은 것이 너무나 뿌듯했다. 항상 와이퍼스를 진심으로 응원해 주는 세연 학생에게 이 순간이 평생 의미 있는 기억으로 남으면 좋겠다.

고맙다. 세연아.

비영리 사단 법인 이사장을 노리는 황 대리의 지구로운 이중 생활

"비전, 모두가 지구 닦는 사람들."

와이퍼스는 이제 단순한 모임을 넘어 법인화를 준비하고 있다. 집 앞 쓰레기를 줍다가 법인 설립까지 오다니. 그럼 나는 사단 법인 이사장이 되는 건가. 나는 아직 황 대리인데 이렇게 갑자기 진급해도 되는 건가. 지금까지 닦장이라는 부캐로 활동해 온 것과 달리 거대한 관문 앞에 서자 구체적으로 무슨 사업을 할지에 대한 꼼꼼한 검토가 필요했다. 그리고 무슨 사업을 할지 생각하다 보니 근간이 되는 기준이 필요했다. 그 기준이 결국 와이퍼스의 비전과 미션이었다.

영리와 비영리 중 일단 비영리를 택했다. 무언가 수익을 내고 성장하기보다는 선한 마음이 담긴 후원을 받고 그 마음을 알차게 사회로 환원하는 매개체 역할을 하는 것이 나에게는 훨씬 매력적이었다. 같이 활동해 온 운영진 역시 비영리로 와이퍼스의 진짜 환경 활동을 조금 더 체계적이고 넓은 범위로 확장해 보고 싶다는 데 의견을 보탰다. 그렇게 돈이 되지 않는 고생길을 자처해서 나아가고 있다.

와이퍼스의 비전과 미션을 고민하다 보니 자연스럽게 우리의 정체성도 다시 고민하게 되었다. 단순히 환경 활동을 하는 사람들의 모임이라기에는 너무 거창해 보였고, 우리가 강조하는 선하고 평범한 사람들의 공동체라는 것이 드러나지 않았다. 마지막으로 환경을 매개로 소외되는 사람을 품는 따뜻한 울타리를 만들겠다는 마음도 포함되지 않았다. 모든 의미를 담으려고 수식어가 늘어나다 보니 비전이 장황해지고 그런다고 너무 빼니 의미가 담기지 않았다. 그렇게 고민에 고민을 하다가 내린 비전이 '모두가 지구 닦는 사람들'이다. 그리고 이 비전을 달성하기 위한 미션은 다음과 같다.

지속 가능한 지구를 위한 시민들의 인식 전환과 참여 유도를 이끌며, 이를 매개로 잊혀 가는 사람 간의 온기를 되살린다.

비전과 미션을 적고 나니 그 위에서 무엇을 할지 명확해졌다. 지금까지 쌓은 지구 닦는 노하우를 살려서 정화 활동은 닦원들끼리 자발적으로 이어갈 수 있도록 플랫폼을 만들고, 기후 위기로 잊기 쉬운 소외 계층 아동을 함께 품고 나아가는 역할을 하기로 했다. 크게 이두 가지 틀을 기준으로 와이퍼스는 환경 문제와 관련된 시민들의 인식을 개선하고 참여를 이끌며, 그 안에서 사람들끼리 온기를 잊지 않는 법인이 될 것이다. 그것을 위해 하나씩 필요한 것을 고민하고 시험해 보고 있다. 쓰레기를 줍던 나 1명이 전국에서 1,000명과 함께 활동해 온 것처럼, 넘어져도 앞으로 나아가기 위해 발버둥치는 지금의 시간은 분명 나에게 소중한 경험으로 쌓일 것이다. 그리고 망하면 뭐 어떤가? 응원해 주는 아내와 운영진 그리고 닦원들이 있으니 힘내서 다시 하면 되지!

코딩의 C도 모르는 황 대리의 좌충우돌 앱 제작기

앱 제작은 와이퍼스 자체의 니즈로 시작하게 되었다. 채팅방에 500명이 모이다 보니 정보, 모집 공고, 건의 사항, 인증, 칭찬 등이 한 번에 섞여 중요한 내용도 금방 채팅창에서 사라지는 경우가 허다했다. 이런 문제를 보완하기 위해 처음으로 제작 기획을 하게 되었다.

앱이 생긴다면 와이퍼스 닦원은 물론 전국에서 활동하는 수많은 풀뿌리 단체의 활동도 한눈에 모아서 볼 수 있을 것 같았다. 이미 개발된 플로깅 앱도 있었으나 대부분 데이터를 강조하는 게 많았다. 나는 이보다 실제 플로깅을 해 본 경험을 바탕으로 사람들끼리 쉽게 플로깅 모임을 주최하는 기능을 강화하고 싶었다. 무엇보다 가장 많이 모임을 주최하는 나에게 절실한 기능이었다.

호기롭게 지구 닦는 활동 플랫폼을 만들겠다며 지원 사업에 신청해서 선정되었다. 가로 세로 고작 1cm 정도의 손톱만 한 아이콘을 만드는 일은 어떻게든 될 줄 알았다. 콘셉트의 윤곽을 잡고 진심을 다하다 보면 앱은 턱 하고 나오는 걸로 착각했다. 이것이 첫 번째 실수였다. 그리고 비용이 이렇게 많이 들 줄 몰랐다. 내가 받은 지원 예산의 약 10배가 필요했다. 이것이 두 번째 실수였다. 그저 손톱만 보였던 아이콘인데 이제 손톱 아래 숨은 모세 혈관과 신경 세포까지 하나하나 보이는 느낌이었다. 쉽지 않겠구나. 아, 망했다.

외려 처음에 호기롭게 도전할 때는 자신감이 넘쳤다. 무식하면 용감하다는 말은 왜 항상 나에게 이렇게 적합한지. 애초에 앱을 만들려면 어떤 사람이 필요한지도 몰랐다. 개발자 1명을 구하면 대충 해 줄 줄 알았다. 그 놈의 '대충'과 '어떻게든'이 만들어 낸 무지의 늪에서 한동안 고생을 좀 해야 했다. 앱의 버튼 하나를 클릭할 때 대충 어디로 가는 법은 없어서 하나하나 지정해 주어야 한다는 걸, 어떻게든 되겠지 하는 마음으로 접근하면 어떤 앱도 만들 수 없다는 걸 깨닫는 데 한 달이 걸렸다.

혹시나 이 책을 보고 환경 분야의 앱을 만들 생각이 있다면 상식적으로 알아 두면 좋겠다. 손톱만 한 앱 하나를 만들려면 개발자 2명과 앱 디자이너 1명은 필수다. 앱의 보이는 부분을 제작하는 프런트, 데이터베이스 구축을 담당하는 백, 앱 개발에 대한 이해가 있는 디자이너 말이다. 이 역할을 모두 할 수 있는 '디발자'라는 고귀한 존재도 있다는데 아마 구하기가 쉽지 않을 것이다.

아무런 사전 조사 없이 일단 뛰어들었는데, 우리의 지원 사업 구성원은 플로깅 경험만 있는 평범한 시민 3명이었다. 지금 생각해도 아찔한 구성이었다. 게다가 시중에 견적을 의뢰했더니 우리가 필요로 하는 기능을 포함해서 제작했을 때 비용이 4,000만~6,000만 원으로 나왔다. 그런데 우리가 조달할 수 있는 금액은 최대 350만 원 수준이었다. 아, 또 망했다.

지구 닦는 황 대리

수백 번 "망했다"를 외치고 나서야 정신이 들었다. 하지만 내 인생이 언제 계획한 대로 풀린 적이 있었나. 이번에도 와이퍼스의 선한 영향력을 믿어 보기로 했다. 일단 앱 개발과 관련된 사람을 모아야 했는데, 이왕이면 환경에 관심이 있고, 와이퍼스 닦원 중 도움을 줄 사람이 있으면 가장 좋겠다는 생각을 했다. 플로깅 경험까지 있다면 가장 완벽한 조건이라고 판단했다. 그런 사람이 구해질까? 그것도 1명이 아니라 3명이나. 그렇게 반신반의하며 단톡방에 모집 공고를 올렸다.

그렇게 일주일 정도 지났을 때 말도 안 되는 일이 하나씩 벌어졌다. 일단 백을 담당할 개발자를 구했다. '홍시'라는 아이디로 활동하는 분은 처음 보자마자 합격이었다. 플로깅 경험도 있고, 개발 경험도 있고, 무엇보다 한눈에 선한 에너지가 뿜어 나오는 게 느껴졌다. 그리고 이분을 통해 멀리 제주도에 숨은 고수 개발자를 소개받았다. 플로깅을 해 봤는데 너무 재미있어서 안 그래도 플로깅 관련 앱을 홀로 개발해 볼 의향이 있었던 고수는 15만 다운로드 앱을 A부터 Z까지 개발해 본 경력이 있다고 했다. 그리고 와이퍼스에 대한 설명을 듣자마자 와이퍼스 활동을 하면서 앱 개발에 도움을 주겠다고 흔쾌히 승낙했다. 이 모든 것이 홍시를 처음 만난 지 하루 만에 이루어진 일이었다.

제주도에 숨은 고수는 '제주공명'이라는 이름으로 활동하시는 분이었는데, 만나서 인사도 할 겸 직접 제주도로 떠났다. 초야에 파묻혀 있던 제갈공명을 만나러 가는 유비의 마음이 이랬을까? 정말 함께할 수만 있다면 제주도를 세 번 왕복하는 삼고초려三顧草廬쯤 아무것도 아닌 것처럼 느껴졌다. 운영진은 머리를 맞대고 생각한 콘셉트 이미지

8컷을 나름의 기획서라고 챙겨 갔다. 이 기획서를 전달하면 어떻게든 개발 이야기도 착착 이어지지 않을까 하면서 말이다.

"솔직히 구체적인 그림은 그려지지 않습니다."

우리의 소박한 기획서를 본 제주공명은 이렇게 답했다. 생각해 보니 우리 중에는 앱 개발은 물론 앱을 기획해 본 사람도 없었다. 손으로 끄적거린 수준의 이미지는 콘셉트일 뿐이지 기획서가 될 수 없다고 했다. 어떤 버튼을 눌렀을 때 어떤 기능이 들어가야 하는지 세세하게 기획해야 한다고 했다. 그래도 그는 우리를 내치기보다 자신이 만들었던 기획서를 참고 자료로 제시했고, 최대한 빨리 기획안을 마무리해서 전해 주면 홍시와 함께 개발에 힘써 보겠다고 했다. 아, 세상에는 천사가 너무 많았다.

서울로 돌아온 후에 운영진 중 1명은 전적으로 앱 기획에만 전념했다. 원래 와이퍼스 캠페인 기획에 함께하기 위해 섭외한 사람이었는데, 졸지에 앱 기획자가 되었다. 그렇게 처음 해 보는 일을 하나씩 하나씩 진행했고, 두 달이 지나자 제법 그럴싸한 기획안이 나왔다.

앱 디자이너도 와이퍼스 내부에서 구했다. 지원자가 3명 있었는데 2명은 플로깅을 직접 해 왔고, 1명은 플로깅 경험이 없었다. 그래서 플로깅 경험과 앱 디자인 경력도 있는 '단비'라는 이름으로 활동하시는 분을 우리의 마지막 파트너로 모셨다. 이렇게 앱을 제작할 인원이 기적적으로 꾸려졌다. 그리고 실제로 개발이 진행되는 것 자체가 기적이었다.

코로나19로 6명이 한 번도 오프라인으로 모이지 못한 것이 너무

지구 닦는 황 대리

아쉽다. 제주도에 1명, 경기도에 2명, 서울에 3명이 살다 보니 매주 온라인으로만 보면서 회의를 진행하고 있다. 정말 다행히도 우여곡절 끝에 현재 베타 버전이 출시되었고, 구글이나 앱 스토어에서 와이퍼스를 검색하면 내려받을 수 있다.

앱에 대해 아무것도 몰랐지만 간절하면 어떻게든 꿈이 이루어지는 것 같다. 다들 나처럼 직장을 다니거나 프리랜서로 일하거나 학교를 다니는 등 바쁜 일상 속에서 짬을 내 작업하고 있다. 고생이 많은 우리 앱 개발 멤버에게 다시 한번 감사 인사를 전한다.

연결해 보자, 착한 가게

와이퍼스 앱이 많은 사람이 쉽게 모여 플로깅할 수 있는 온라인 창구를 제공한 거라면 '지구 닦는 착한 가게'는 오프라인 거점을 만드는 프로젝트다. 집게나 봉투를 집에서 챙겨 오기 번거로우니, 거점에서 만나 지구를 닦고 경제적 이득까지 챙기면 어떨까 하는 아이디어에서 시작되었고, 10월부터 서울에 10개소를 두고 시범적으로 사업을 진행해 보고 있다.

가게 선정 조건 중 가장 중요한 점은 환경에 관심을 가지고 있으며, 지구를 닦는 데 참여한 닦원을 기꺼이 응원하고 싶은 곳이다. 관악구의 1.5도씨, 강서구의 허그어웨일, 강동구의 송포어스, 마포구의 알맹상점과 보틀앤스쿱, 동작구의 플라프리 등 서점, 카페, 제로 웨이스트 가게, 비건 카페 등 종류도 다양하다. 지구를 닦으며 자연스럽게 숨어

지구 닦는 착한 가게에 붙이는 문구

있는 착한 가게들도 이용해 보는 윈윈 전략이다.

지금 책을 읽는 분들도 플로깅이 부담스럽다면 이런 가게부터 방문해서 선한 에너지를 느껴 보는 건 어떨까? 용기가 난다면 친구나 가족과 함께 지구를 닦고 봉사 시간도 갖고 해당 가게 제품을 할인된 가격에 이용할 수 있다.

2021년 하반기에 서울에서만 착한 가게들과 함께 시범적으로 활동해 보았고, 최종적으로는 수도권과 전국으로 확대하는 것을 목표로 삼고 있다. 미래 세대를 위해 기꺼이 지구를 닦으려는 사람들과 그들을 응원하려는 사람들의 컬래버레이션은 상상만으로도 설렌다. 나중에는 모든 활동 분야로 확대되어 지구 닦고 커피 먹고, 지구 닦고 영

지구 닦는 황 대리

화 보고, 지구 닦고 여행 가고 등 우리의 여가 활동에 집게와 봉투 하나가 자연스럽게 함께하면 좋겠다. 나중엔 거리에 쓰레기가 하나도 없어서 쓰레기를 발견한 아이들이 신기하게 볼 수 있을 정도로 말이다. 부디 꼭 그렇게 되길 기도한다.

보육원 아이들과 함께 지구 닦기

앞에 두 가지는 지구 닦기 활동을 대중에게 알리고 정착시키려는 사업이라면 아동복지센터와 함께하는 플로깅 사업은 긴 호흡으로 끌고 가고 싶은 복지 사업이다. 기후 위기의 피해는 살아갈 날이 많고 경제적으로 소외된 사람일수록 더 크게 받는다. 아동복지센터 아이들은 이런 면에서 향후 10년 이내에 기후 위기의 피해를 가장 직접적으로 받는 계층에 속할 것이다.

처음에는 이 아이들에게 기부할 생각만 했다. 뭔가를 계속 제공해야 하는 존재로만 생각했는데, 기부 행사를 준비하면서 이런 생각이 많이 바뀌었다. 아이들도 사회를 위해 가치 있는 일을 할 수 있고, 충분히 그렇게 할 의향도 있다는 것을 느꼈다. 이들을 연약하게 보고 보호해야 하는 존재로만 생각하는 것도 어찌 보면 이들과 제대로 마음을 나눠 보지 못한 사람의 선입견일 뿐이었다. 그래서 나는 이 아이들과 함께 지구를 닦을 것이다.

동명아동복지센터와는 이미 협약을 맺어 동명 와이퍼스 1기 7명을 선발했다. 원래 계획대로라면 이 아이들과 최소 한 달에 한 번은 모여서 동네를 닦고 봉사 시간도 적립해 주는 교류를 해야 하는데, 코로나 19로 가치 있는 인연을 만드는 것조차 못하게 되어 너무 안타깝다. 그런 상황에서도 자기들끼리 똘똘 뭉쳐 지구를 아껴야 한다는 사명감을 갖고 포스터를 만들어 붙이고, 일회용품이나 나무젓가락을 마구 쓰면 안 된다며 센터 안에서 적극적으로 활동하는 모습을 보니 참 먹먹했다.

나중에 코로나19가 잦아들고 와이퍼스와 협약을 맺은 아동복지센터도 많아지면 꼭 여러분이 이 아이들의 가족이 되면 좋겠다. 다른 와이퍼스 행사는 몰라도 보육원과 함께하는 모임에는 장기적으로 참여해서 이 아이들이 고등학교를 마치고 성인이 될 때까지 정서적 버팀목이 되어 주면 좋겠다. 평생 함께 알고 지낼 동생들, 조카들이 생기는 것도 충분히 행복한 일 아닐까?

사실 이 일은 와이퍼스 사단 법인과 관계없이 개인적으로라도 꼭 하고 싶은 활동이다. 힘이 닿는 데까지 최소 10년 이상을 목표로 느려도 진정성 있게 아이들과 함께하고 싶다. 이렇게 함께하는 사이에 내 아이가 생기면 그들은 내 아이의 멋진 형제자매가 될 것이다. 물론 조금 더 욕심을 내자면 모두 와이퍼스라는 울타리 안에서 나이 들면 좋겠다.

나중에 은퇴하면 사단 법인 이사장으로 월급을 받을지도 모르겠다. 그때까지 이사장으로서 내가 하는 모든 와이퍼스 활동은 무급이다. 그 돈은 지구를 닦기 위해 노력하는 분들과 이들을 응원하는 사람들, 마지막으로 기후 위기에서 소외되기 쉬운 아이들을 위해 쓰이면 좋겠다.

지구 닦는 황 대리

아름다운 호구(?)들이 모인 호구와트, 와이퍼스의 미래

나는 문예창작학과를 졸업했다. 수학과 과학을 좋아하던 이과생이 언어 영역에서 99점이 나오는 바람에 문예창작학과를 간 건 참 아이러니한 일이지만, 지금 생각해 보면 문학은 내 삶 전반에서 많은 긍정적 영향을 주었다.

회사에서 보고서를 쓸 때, 전반적인 이야기를 간추려 설명해야 할 때, 상대 이야기를 듣고 개연성이 떨어지거나 논리적 결함이 있는 부분을 잡아내야 할 때 등 많은 부분에서 문학적 사고는 큰 도움이 된다. 이를 제외하더라도 많은 문학 작품을 읽으면서 그 아름다움에 순수하게 매료됐던 순간은 값진 경험이자 추억이다.

환경 활동을 하다 보면 항상 좋은 사람만 만나는 것은 아니다. 그렇게 해 봐야 아무것도 바뀌지 않는다고 비아냥거리는 사람들, 우리가 하는 건 진짜 환경 활동이 아니라고 핀잔을 주는 사람들, 우리가 쓰레기를 줍는 것을 보면서도 기어이 외면을 택하는 사람들도 많다. 또한 자신의 사업 홍보나 설문 및 과제 때문에 들어왔다가 바로 나가는 사람도 많다.

하지만 진심으로 환경에 관심을 갖고 활동하려고 들어오는 닦원이 더 많다. 그들은 누가 뭐라 해도 자기 위치에서 친환경 활동을 실천하고 담담하게 자리를 지키는 사람들이다. 나처럼 직장을 다니거나 아이를 키우면서 활동하는 분들을 보면 정말 존경스러울 뿐이다. 그렇게 서로 응원하다 보면 문득 떠오르는 시가 있다. 이상국 시인의 〈국수가 먹고 싶다〉이다.

국수가 먹고 싶다

이상국

국수가 먹고 싶다
사는 일은
밥처럼 물리지 않는 것이라지만
때로는 허름한 식당에서
어머니 같은 여자가 끓여 주는
국수가 먹고 싶다
삶의 모서리에 마음을 다치고
길거리에 나서면
고향 장거리 길로
소 팔고 돌아오듯
뒷모습이 허전한 사람들과
국수가 먹고 싶다

세상은 큰 잔칫집 같아도
어느 곳에선가

지구 닦는 황 대리

늘 울고 싶은 사람들이 있어

마음의 문들은 닫히고

어둠이 허기 같은 저녁

눈물자국 때문에

속이 훤히 들여다보이는 사람들과

따뜻한 국수가 먹고 싶다

—《집은 아직 따뜻하다》(이상국 지음, 창비, 1998) 중에서

닦원들과 소통하는 일이 즐거운 것은 이들이 속이 훤히 들여다보이는 사람들이기 때문이다. 10분만 대화를 나눠 봐도 이 사람이 얼마나 이타적이고 따뜻한 사람인지 드러난다. 그런 사람들은 내가 손해를 보더라도 그 옆에 있고 싶어지는데, 역설적이게도 그런 사람들은 내가 손해를 볼 기회를 좀처럼 허락하지 않는다. 서로 속이 훤히 들여다보이니 상대를 배려하려는 마음이 금방 티가 난다.

사회에서는 이러한 사람들을 호구라고 한다. 그리고 나는 와이퍼스가 이런 사람들이 모인 '호구와트'라고 생각한다(조앤 K. 롤링의 양해를 구한다). 삶의 모서리에 마음을 다치고, 뒷모습이 어딘지 허전하고, 잔칫집 같은 세상에 어디선가 울고 싶은 사람들끼리 서로 달래며 진짜 위로를 나눌 수 있는 모임을 만들고 싶다. 환경은 그걸 연결해 주는 매개체다.

그래서 그들과 함께 쓰레기를 줍든, 비건 식당을 가든, 나무를 심

든, 그냥 모여서 이야기하든 그 시간이 따뜻했으면 좋겠다. 특히 아이들에게 더 그러하면 좋겠다. 학원을 가지 않으면 친구를 만들 수 없고, 밖은 위험해서 못 나가고, 집에서는 아래층 눈치를 살피고, 이런저런 걱정에 CCTV로 보호받아야 하는 아이들을 위해 따뜻한 사람들이 모인 호구와트가 21세기형 공동체가 되면 좋겠다. 이런 사람들끼리 서로 챙겨 주다 보면 지구라는 물리적 환경뿐만 아니라 우리를 둘러싼 정서적 환경 역시 훨씬 아름다워질 것이다. 나는 그렇게 내가 살고 싶은 공간을 일구고 있다. 그렇게 행복하고 싶다.

나를 닦은 시간들

작년 봄에 쓰기 시작했는데, 어느덧 또 봄이 되었다. 책을 쓰는 동안 정말 많은 사람들을 만났고, 많은 경험을 했다. 그래서 와이퍼스를 만들게 된 이야기까지만 담으려던 최초 기획과 달리, 와이퍼스가 성장해 가는 이야기를 많이 담을 수 있었다. 애초에 계획대로 출판했다면 담배꽁초 8만 개비가 모인 꽁초 어택, 환경부장관상 수상, 동명아동복지센터와의 인연, 환경부장관에게 손 편지 전달하기 등 많은 에피소드들을 놓쳤을 것이다. 유연하게 일정을 조율해 준 출판사에 감사의 인사를 전하고 싶다.

다음 주는 와이퍼스의 두 번째 생일이다. 이 글을 쓰며 와이퍼스의 생일을 준비하고 있으니 감회가 새롭다. 생일을 축하하기 위한 플로깅에 전국에서 무려 100명이 훌쩍 넘는 사람들이 동참할 예정이다. 2020년 만우절에 거짓말처럼 첫 공식 플로깅을 진행하고, 지금까지 160번이 넘는 크고 작은 행사들을 진행해 왔는데, 돌이켜 보면 마치 꿈만 같다. 참여해 주신 분들에게 그저 감사할 따름이다.

이 책은 처음 환경 활동에 관심을 가졌을 때부터 지금까지의 나의 성장기이기도 한데, 언젠가는 와이퍼스를 묵묵히 이끌어 주고 있는 닦원들의 이야기를 담은 책을 만들고 싶다. 닦원들이야말로 나보다 더 존경을 받아야 마땅한 사람들이다. 나는 항상 그들의 이야기가 더욱 궁금하다. 그리고 그들에게 받은 사랑을 갚기에는 나는 한참 부족한 사람이라는 생각을 많이 한다.

얼마 전 〈어서와 한국은 처음이지〉 프로그램에 와이퍼스가 소개된 후, 정말 많은 분들이 와이퍼스를 찾아 주었다. 일일이 그들을 오픈채팅방으로 안내하면서 벅차게 바쁜 며칠을 보냈다. 좋은 방송을 만들어 준 방송사와 함께 지구를 열심히 닦아 준 파트너 줄리안과 자히드에게도 고맙다는 인사를 전한다. 나중에 꼭 근사한 비건 식사 한 끼를 대접할 계획이다.

책 제목은 많은 고민을 하다가 '지구 닦는 황 대리'로 결정했다. 그리고 거짓말처럼 승진을 못 했다. 책을 구매한 후에 확인해 봤더니 황 과장이면 독자들이 배신감을 느낄 수도 있으니, 진정성 있는 마케팅을 하라는 하늘의 뜻 같았다. 그래도 진급은 하면 좋겠다. 진급할 때마다 '지구 닦던 황 과장', '아직 닦는 황 차장'처럼 시리즈도 내고 말이다.

고마운 분들에게 감사 인사를 하려고 보니까 정말 너무 너무 많다. 특히 닦원들 한 분씩 언급하자니, 언급이 되지 않을 분께 죄송스러워서 따로 말하지 않으려고 한다. 대신 추후에 책을 구매한 닦원들을 일일이 찾아다니며 사인을 해 드리고 감사 인사를 드리려 한다. 몇 년이 걸려도 꼭 다 찾아뵐 것이다.

지구 닦는 황 대리

지금까지 와이퍼스를 함께 고민하고 이끌어 준 운영진 현수, 희주, 기훈, 의진에게 특히 고맙다는 인사를 전한다. 그리고 와이퍼스를 만들 용기를 준 쓰원결의(쓰레기로 맺어진 의형제) 아우들에게도 감사의 말을 전하고 싶다. 마지막으로 항상 내 편에서 응원해 주는 나의 가족들과 와이퍼스를 응원하는 모든 '착한 가게' 사장님들께도 감사의 인사를 전한다.

이 마음들을 고이 담아 소박한 첫 책을 마무리한다.

지구 닦는 황 대리

1판 1쇄 발행 2022년 4월 25일
1판 2쇄 발행 2024년 6월 21일

지은이 황승용

발행인 김기중
주간 신선영
편집 백수연, 이상희
마케팅 김신정, 김보미 **경영지원** 홍운선
펴낸곳 도서출판 더숲
주소 서울시 마포구 동교로 43-1 (우 04018)
전화 02-3141-8301~2 **팩스** 02-3141-8303
이메일 info@theforestbook.co.kr
출판신고 2009년 3월 30일 제 2009-000062호

ISBN 979-11-90357-96-8 03300